理财就是理生活丛书

指数基金定投

（手绘版）

艾玛·沈 | 著绘

电子工业出版社
Publishing House of Electronics Industry
北京·BEIJING

内容简介

在低息和通胀的大环境下,一个不懂投资、不会看财报、没什么闲暇时间的老百姓,要怎么保住辛辛苦苦存下的钱,怎么让钱生钱呢?本书介绍了一种简单易行又较安全可靠的投资方式——指数基金定投。

为了把枯燥、抽象、艰涩的投资知识,变得更加通俗易懂、简单明了,本书采用了手绘的方式,通过漫画人物及生活案例,把核心的理财知识点娓娓道来,涵盖了指数基金定投实操所需的各种工具和技巧,简单轻松、干货满满,且注重实战,是一本非常适合投资小白和大众的指数基金定投入门书。

未经许可,不得以任何方式复制或抄袭本书之部分或全部内容。
版权所有,侵权必究。

图书在版编目(CIP)数据

指数基金定投:手绘版 / 艾玛·沈著、绘. —北京:电子工业出版社,2022.4
(理财就是理生活丛书)
ISBN 978-7-121-43127-2

Ⅰ. ①指… Ⅱ. ①艾… Ⅲ. ①指数－基金－投资－基本知识 Ⅳ. ①F830.59

中国版本图书馆CIP数据核字(2022)第041612号

责任编辑:李 冰
印　　刷:北京市大天乐投资管理有限公司
装　　订:北京市大天乐投资管理有限公司
出版发行:电子工业出版社
　　　　　北京市海淀区万寿路173信箱　邮编:100036
开　　本:880×1230　1/32　印张:8.25　字数:158千字
版　　次:2022年4月第1版
印　　次:2022年4月第1次印刷
定　　价:79.80元

凡所购买电子工业出版社图书有缺损问题,请向购买书店调换。若书店售缺,请与本社发行部联系,联系及邮购电话:(010)88254888,88258888。
质量投诉请发邮件至 zlts@phei.com.cn,盗版侵权举报请发邮件至 dbqq@phei.com.cn。
本书咨询联系方式:libing@phei.com.cn。

前 言

房住不炒　　　　通货膨胀

股市割韭菜　　取消刚兑　　　信托爆雷

　　　　　　　　　　　肉类涨价

　　利息越来越低

普通老百姓
怎么才能保住辛辛苦苦存下的钱，
怎么才能让钱生钱呢？

有没有简单易行的操作方法，

不需要看财报，

不需要懂技术分析，

不需要花太多的时间，

就能有赢过通胀的投资收益？

多年来，艾玛致力于投资理财知识的普及，努力**让枯燥、抽象的投资知识走入寻常百姓家**，让大众也能够通过理财，过上更优渥的财富人生。

听故事

2018年，艾玛用十个家庭故事写就的《理财就是理生活》，启发了数万家庭，创造了**2年加印14次**的优秀成绩，让读者们通过听故事，搭建起系统的理财框架。

去历险

2020年，艾玛又用魔幻历险故事，介绍了金融中最基础、最重要的知识。这本《小胖财富历险记》不仅被翻译成**韩文版**，还与影视公司签约计划**改编成动画片**。

看漫画

2021年，喜欢画画的艾玛，尝试用手绘的方式，让理财知识变得更加简单明了，推出了《理财就是理生活（手绘版）》，围绕九条大众对理财的常见误解，通过漫画人物及生活案例，将核心的理财知识点娓娓道来。手绘书推出后，大受欢迎，在小红书等社交平台上，**被几十位读书博主倾情推荐**。

跟艾玛轻松自在学理财

艾玛收到很多读者的留言，
大家最大的困惑是：

> 我已经知道了理财的理念，
> 但是，接下来，**我具体应该怎么做呢？**

有没有简单易行、安全可靠，又能赚钱的方法，
让一个不懂投资、
　　　不会看财报、
　　　没什么闲暇时间的老百姓，
　　　也能战胜通胀，让钱生钱？

　　　　　　这就是本书的起心动念。

　　　　　　本书希望延续艾玛的一贯风格：
　　　　　　　　把艰深的理财知识，
　　　　　　　　用最简单易懂的方式讲述出来。

让大家在轻松和休闲的状态下，
学会**受益一生**的投资技巧，
从而真正踏上通往自由的财富之路。

读完这本书,你将收获:

🥄 连巴菲特都格外推崇的
指数投资到底是什么?

🥄 为什么指数基金定投
是一个简单、安全又赚钱的方法?

🥄 在实操中将遇到的各种问题,
   如:怎么选指数?
       有哪些值得投资的指数?
       什么时候买?何时卖?
       亏了怎么办?

🥄 如何一步步制订
适合自己的定投计划?

让我们一起开启一场愉快的学习之旅吧!
相信你读完,一定有极大的收获。

目 录

第 1 章　一个简单、安全又赚钱的方法 /001

第 2 章　为什么要选择指数基金 /019

第 3 章　有哪些常见的宽基指数 /054

第 4 章　那些热门的窄基指数怎么样 /117

第 5 章　怎么挑指数基金 /169

第 6 章　亏了，怎么办 /190

第 7 章　会卖才是"老师傅" /209

第 8 章　除了定投，还能怎么买 /227

总　结　给自己制订一个定投计划 /245

感谢耐心阅读！
本书仅代表作者个人观点。
投资有风险，入市请小心！

第1章

一个
简单、安全又赚钱
的方法

指数基金——
　　普通人的投资利器

指数基金

**2018年上架
2年加印了14次**

艾玛收到很多读者的来信：

读者来信

怎么才能钱生钱？

钱太少，能买什么？

投资**太难**，学不会！

投资**好麻烦！**
平时已经很忙了。

投资太多**坑**，全是**雷**！

有没有**简单、安全**又能**赚钱**的方法啊？

要符合这三个条件，我推荐**指数基金定投**！

艾玛本尊

钱太少，怎么理财？

角色介绍：

沃琼 23岁
制造企业质检员

大家好，我叫沃琼（我穷）。

读了艾玛的《理财就是理生活》，我知道了要早日开始理财，享受复利的神奇魔力。

可是，**我穷！**

一月才存五六百元，
账上只有两三万元，
　　买房只是心中愿，
　　债券门槛几十万元，
　　　　股票波动太吓人，
　　　　谁教沃琼怎么办？

指数基金定投

优势一

投资金额门槛低
几百元或上千元就可以入场

指数基金有两种购买方式：

1 一次性买入

好处：想买就买，进场时间弹性。

适合：投资经验丰富，关注市场的人。

（老夫玩股票都是"一把梭"！）

（不要怂！满仓！就是干！）

2 定期定额分批买入（定投）

每隔一段时间，投资固定金额在某支基金上。

不用理会时机和基金价格的起伏，时间到了就自动扣款。

（可选每隔一周、两周或一个月等）

好处：平均成本，分散风险

适合：忙碌上班族、投资小白

投资两大难题

择时　选股

定投　放弃择时，
　　　　以平摊成本的方法来降低风险。

定投指数基金　在放弃择时的基础上，放弃选股，
　　　　　　　　以购买"排行榜"的方法，
　　　　　　　　分散持有多支股票来进一步降低风险。
　　　　　　　　指数里的公司可能换了一批又一批，
　　　　　　　　"排行榜"却永远在。

这种**定投**方法的关键点：**定时+定额**

每隔一段固定的时间（如每两周/每月）
以同样的金额买入同一支基金/股票。

存不下钱，怎么理财？

角色介绍：

大家好，我叫华广（花光）。

我的情况比沃琼更糟糕：
月月清光，根本存不下钱。

我女儿2岁了，我希望15年以后，能存20万元给她上学用。

华广　33岁
市场销售　孩子妈妈

存钱秘诀：

财富账户优先支付原则

在每个月拿到收入的第一时间，就划走一笔加入财富账户。剩下的钱，再拿去还贷款、付学费，以及支付日常生活开销。

月光难题　七招攻破

坚定决心
降低频率
借助外力
记账预算
需要想要
择友而交
找替代品

其他可以帮到你的方法：
详见艾玛·沈的《理财就是理生活（手绘版）》

指数基金定投

优势二 储蓄事半功倍

目标： 15年存20万元
以利滚利的复利方式计算

1　银行储蓄

假设定期存款利率为1.25%/年，
180个月，每月需存**1010**元。

2　指数基金定投

以平均年化收益率8%/年计算，
180个月，每月只需存**578**元。

咦？每月只要存600元呀？
一天只要存20元，少喝一杯奶茶就行了！
我觉得，我做得到！

记得每月一拿到工资，
先转600元去财富账户哦！

风险大，怎么理财？

忍痛割爱，与奶茶说拜拜！
好不容易才存下的钱，
万一亏损了怎么办？

鸡蛋别放在同一个篮子里呀！

我就只有那点钱，
放在一个篮子里都太少，
怎么分几个篮子放呀？

不想被"割韭菜"！

基金能把你的一分钱放进多个篮子。

指数基金定投

优势三
分散投资风险

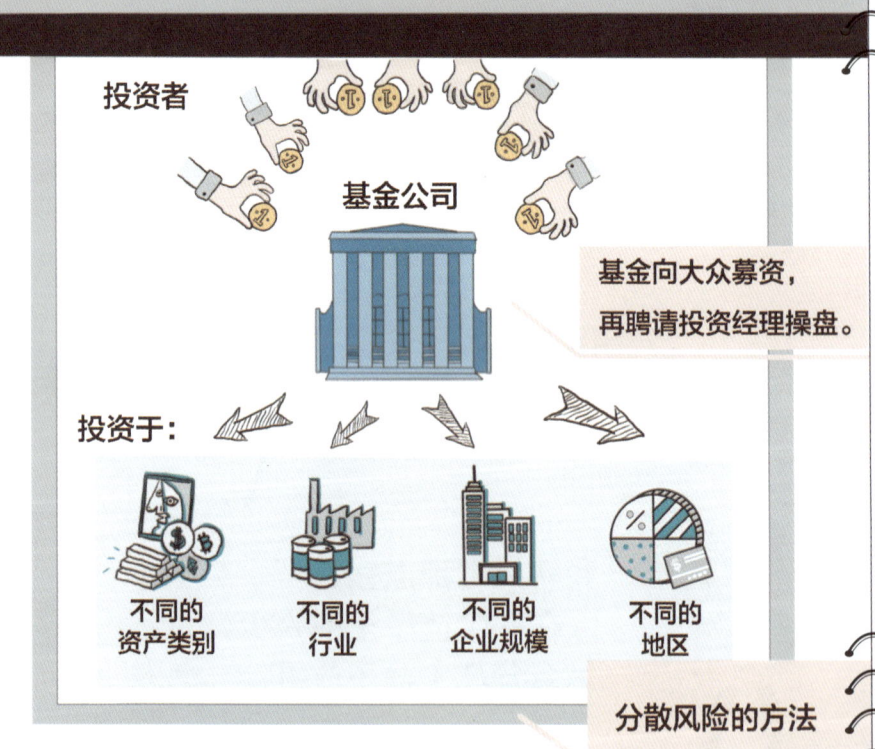

投资者

基金公司

基金向大众募资，再聘请投资经理操盘。

投资于：

| 不同的资产类别 | 不同的行业 | 不同的企业规模 | 不同的地区 |

分散风险的方法

基金具有一定的资金规模，可以同时持有多样化的投资标的。

不同产品的涨跌不一致，就算一个产品的价格下跌，也能靠其他产品的上涨来消化，从而达到抚平波动、对冲风险的效果。

没时间，怎么理财？

角色介绍：

泰芒 28岁
互联网公司 运营

大家好，我叫泰芒（太忙）。

我手里倒是有些钱。
可是，工作"996"，
下班只想"葛优躺"，
周末还要带娃，
实在没有精力去投资理财啊！

我也是「泰芒」！

感觉身体被掏空

累累累

指数基金定投

优势四

选好基金、无脑买入，省时省力

基金可以分为**主动**基金和**被动**基金两类。

1 主动基金：

投资经理和一群研究员每日埋头进行投资分析，以基本面、技术面、消息面等多种角度切入研究，力求找到具有潜力的投资标的。

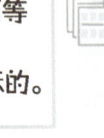

VS

2 被动基金：

模拟大盘指数组成，指数赚多少，也就跟着赚多少。

无论主动基金还是被动基金，选择投资基金就可以为自己**省下大量的研究时间**！

如盯盘、追踪市场信息、看公司财报等，都由基金公司的团队代劳。

钱太多，怎么理财？

角色介绍：

大卷银男　56岁
制造业企业主

大家好，我叫大卷银男（有钱）。

和年轻人不一样，
我有很多钱，但都是在国内进行投资的。
听说国外有很多好的投资机会，
但是，我又不会英文，
也搞不懂外国人的"弯弯绕绕"。
怎么办？

当我们的资产越来越多的时候，除了要通过购买不同的资产类别分散风险，

鸡蛋不能都放在一个篮子里！

我们也可以通过购买**不同地区**的资产来分散风险。

哦！原来我还是在一个篮子里！

中国

指数基金定投

优势五

帮你轻松跨入不同地域

以投资地区来分类，
基金可以分为**国内**基金和**海外**基金两类。

1 国内基金：
基金主要投资国内市场。

2 海外基金：
基金主要投资海外市场。

无论你是看好欧美成熟市场
还是看好新兴市场，
都不用到当地去开户，
不用明白当地语言，
也不用想怎么把钱"搬"出去，
基金经理可以帮你搞定这一切。

钱被锁定了，怎么理财？

之前，我和我的朋友们都喜欢拿钱买房子、买商铺，可是，等到要用钱的时候，却被锁定了，拿不出来。

那是**流动性**的问题！

流动性： 资产转换成现金的能力。

换成现金：

衡量流动性高低 / 三大维度

1. 是否**简单**？
2. 是否**快捷**？
3. 有无**成本**？

指数基金定投

优势六

投资变现，流动性佳

流动性 **好** 的资产	流动性 **差** 的资产
短期债券　上市股票 现金存款　公募基金　黄金商品	房产　纪念币 艺术品　红酒　古董

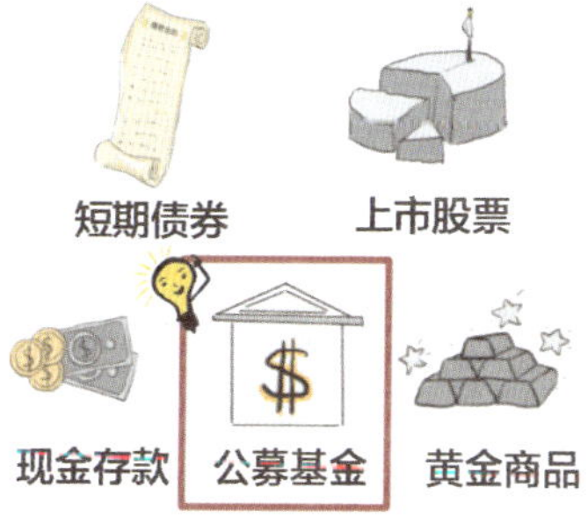

> 我知道，股票的流动性强，很容易变现。

公募基金比股票的流动性更好。
因为股票卖出时，必须有人愿意以你的价格买入。
遇到大跌或一些流动性差的股票，就可能一时卖不出去。

开放式公募基金由基金公司操盘，
我们随时可以向基金公司提出赎回申请。

总之，属于公募基金类的指数基金，
相对来说，比其他投资品更容易变现。

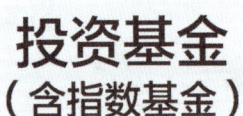

```
                    收益好
门槛低                              风险分散
        投资基金
        （含指数基金）
操作简单                            流动性好
            跨越不同
            地域行业
```

总之，对于普通投资人来说，
相对其他投资品而言，
基金有着显著的优势。

而其中的**指数基金**
更是普通人的投资利器！

第2章

为什么要选择指数基金

好股票

与其千辛万苦找"针"（好股票），不如直接买下那堆"干草"（指数）。

那么，到底
什么是指数基金？
为什么要选择指数基金，
而不是其他基金？

此乃
本书重点

股票指数： 一个股票的组合，
按照事先约定的计算方法，
每天告诉你这个组合的变化情况。

如上证综合指数、沪深300指数、环保指数、
恒生指数（港股）、道琼斯指数（美股）……

除了股票指数，还有债券指数、商品指数等。

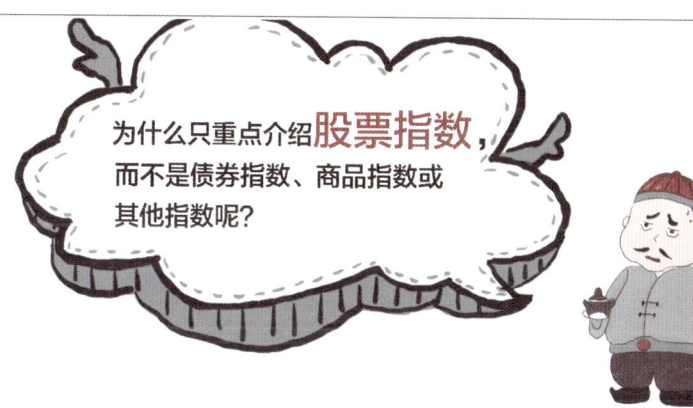

为什么只重点介绍**股票指数**，而不是债券指数、商品指数或其他指数呢？

根据西格尔的《股市长线法宝》统计：

回溯1801年到2001年的数据，
使用两百年前的100美元，
持有不同的投资品，最后的结果天差地别！

其中，股票的长期收益最高。

两百年前的100美元	现金	购买力变成5美元
	投资黄金	321美元
	投资国库券	28000美元
	投资债券	150000美元
	投资股票	100000000美元

股票长期收益最高？
怎么我听说的炒股故事都是"血淋淋"的？
难道他们买的都是假股票？

就是我们！
就是我们的故事……

股 + 票

公司的所有权　　可转让的票据

大部分亏损的股市投资人，
不断在众多股票中
寻找未来短期内有可能上涨的股票。
这是把股票仅仅当作票据。
在一买一卖的过程中，没有新的钱产生。

你赚了，接手你股票的人可能就亏了。
相反，你亏了，接手你股票的人可能就赚了。
这是零和游戏，非输即赢。

在票据交易里，不仅没有新钱产生，
而且各个环节都要赚钱：
股东、交易所、券商、投资银行、政府收税金……

因此，在票据交易中，钱会越来越少。
也就有了**七亏两平一赚**的说法。

对呀!
我就在股票上亏了不少钱。
几乎买什么亏什么!

每次我买就下跌,
我卖就上涨,
我空手时就狂飙,
我满手时就暴跌……

这究竟是为什么?
为什么手握千亿元资金的大佬们,
就死盯着我这几万元钱不放?

这究竟是为什么?
为什么我一个小小的散户,
就能彻底左右整个股市?

啦,啦,啦,啦啦啦……
这究竟是为什么?

——股市神曲《这究竟是为什么》

那是因为你没有找到
适合你自己的投资方式!

> 我知道你的意思。
> 适合我的投资方式
> 　就是 **指数基金定投**，对吧？
>
> 既然股票指数是"一篮子"股票，
> 和我们自己选的股票组合有什么不一样呢？

指数，有明确的选股规则。

比如：**上证50指数**
　　　　在上交所的股票中，按照市值排名，
　　　　靠前的50支股票，即为成分股。

沪深300指数
在上交所和深交所，按照市值排名，
靠前的300支股票，即为成分股。

因为选股规则很明确，
　　　　所以，赚钱的逻辑也很清晰：

> **赚** 中央银行的钱（估值抬高）
> 　　＋
> 　　企业发展的钱（盈利增长）

这是长期价值投资的思路，✔
而不是短期内赚低买高卖的价格差。✘

单纯的低买高卖赚差价，
通常要靠**波段操作**和**频繁交易**。

想的是抓住一切能赚钱的机会，
希望每一单，甚至每一刻都能赚钱。
忍受不了较长时间的平静。

但是，愿望是美好的，却不切实际，
过于高估了自己，低估了市场的复杂性。

有意思的是，
每一笔交易都有一个买家和卖家。
两方是一体两面，
彼此都觉得自己的决策正确，对方比自己傻。

那么，到底谁才是正确的？
凭什么，你总是更聪明的那一个呢？

"前方高能，请关弹幕" 百股跌停 科创板打新啦！ 炒股炒成股东
新一轮牛市来啦！ 灰犀牛要来了 啦！啦！啦！
政策调控了 一天一个涨停板！ 又被"割韭菜"了！ 财富自由
啊！啊！啊！ 月赚30%不是梦

> 无论东南西北风，我自岿然不动。

定投指数基金
是佛系投资法

放弃预测市场，以长期换收益！

怎么一会儿叫**指数**？

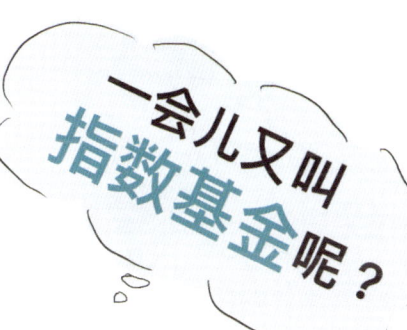

一会儿又叫**指数基金**呢？

我是购买指数的基金

指数 VS 指数基金

指数公司或交易所根据一定的规则，选出来的几十支或几百支股票的组合。

基金公司参照某个指数设立的基金，方便大家购买。

对应指数基金

股票 占比
股票A 20%
股票B 15%
股票C 7%
股票D 4%
股票E 1.5%
……

目标指数

股票 占比
股票A 20%
股票B 15%
股票C 7%
股票D 4%
股票E 1.5%
……

我专门负责抄作业！

指数基金：

属于被动基金类，
完全复制指数权重，
目标获得和指数差不多的收益。

指数基金投资经理

> 指数基金是抄的指数,那么,指数又是从哪里来的呢?

开发指数的机构

交易所

- 上海证券交易所 SHANGHAI STOCK EXCHANGE
  - 例如:上证综指
- 深圳证券交易所 SHENZHEN STOCK EXCHANGE
  - 例如:深证300指数
- Nasdaq
  - 例如:纳斯达克指数
- ……

指数公司

- 中证指数有限公司 CHINA SECURITIES INDEX CO., LTD
  - 例如:中证500指数
- 恒生指数 HANG SENG INDEXES
  - 例如:恒生指数
- STANDARD &POOR'S
  - 例如:标普500指数
- ……

哈？
基金经理只会"抄作业"？
行不行啊？
怎么听着这么不靠谱呢？

事实胜于雄辩！

巴菲特的10年赌约
2007—2017年

沃伦·巴菲特
我信任我选择：
标普500指数基金
十年累计收益：125.8%
年化收益：8.5%

VS

泰德·塞德斯
我精挑细选：
5支FOF基金
2.8%~87.7%
0.3%~6.5%

巴菲特,他可是股神!
输给他才是正常的吧?

可是,他没有自己选股,
只是"抄作业"呀!

……

也许是那个对手技术不行?
换一个对手,也许巴菲特就赢不了啦!

塞德斯可不是无名之辈,
他是著名的对冲基金经理。

也是。如果级别不够,
巴菲特也不会跟他玩儿。
否则,赢了也胜之不武啊!

你们以为这只是个例?
再给你们讲个故事。

大猩猩扔飞镖选股比赛

主办单位：《华尔街日报》
每6个月一轮，比较收益率

比赛期：1988—1998年
共100轮

由报社工作人员扮大猩猩投掷飞镖选股票

在著名的金融学书《漫步华尔街》中，我蒙住眼睛扔飞镖，选到的股票，都不输给投资专家。

《华尔街日报》不信，就举办了这场比赛。

嘿嘿！你们斗不过巴菲特抄的作业，这一次，来看看斗不斗得过我扔的飞镖吧！

VS

由投资基金经理选股

三个臭皮匠，顶个诸葛亮！

我们都是来自华尔街的精英，金融知识深厚，投资经验丰富。

我们还有成千上万的替补队员，可以进行车轮战。

来上100场，不信它一直会有好运气！

怎么样？

怎么样？

别真的输给

一个动物啊！

这一次可不能再以个例为借口了呀！
100场，还随时可以换人！
再输的话，我都要怀疑人生了！

专业选手在100场飞镖比赛中，
只赢了61场，算是**惨胜**。

但与道琼斯工业指数相比，
只以51:49的**微弱优势**获胜。

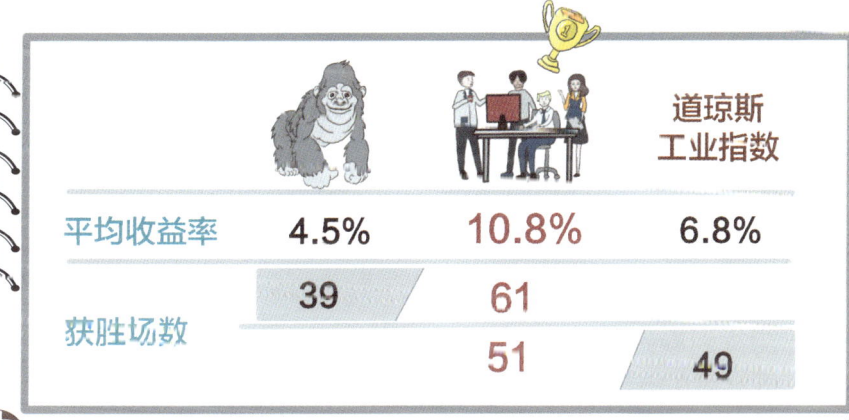

	🦍	👥	道琼斯工业指数
平均收益率	4.5%	10.8%	6.8%
获胜场数	39	61	
		51	49

为什么?
难道，所谓**专家**都是"砖家"?

销售员每次都和我说，
推荐基金的基金经理是明星，
业绩排在前两名。

可是，买了之后，两三年下来，
业绩再也没有排到前面去。

我有时在想，基金业的排名，
是不是轮着来的?

我们常常**低估了投资的难度**。

因为信息不对称，
我们很难了解到企业的真实情况。

而且，市场千变万化，
影响股价的因素又实在太多。

普通投资人，要想在每个时期
都能找到最好的投资经理、最合适的投资策略，
难度比我们想象的要高很多。

太"南"了!

既然专业的投资经理
只能以微弱优势赢过指数，
甚至还有可能输了比赛，
那么，我们不如退而求其次，信任指数。

但是，为什么指数能赚钱呢？

我们可以把指数简单类比成**排行榜**。
当然，指数要比排行榜复杂一些。
这个比喻只是为了方便我们理解。

就像班里排在前三名的同学，
成绩一定比全班的平均成绩高。

投资所有上市公司里
经营得最好的前几十家或前几百家公司，
长期来看就能跑赢
股市上所有上市公司的平均盈利水平。

我是第一名！

我们普通人
要想在众多股票中挑出"常胜将军"，
就像要在干草堆里找到针尖一样难。

好股票

那么，
与其千辛万苦"找针"（好股票），
不如直接买下那堆"干草"（指数）。

指数有一套很好的机制，
能保证其中的成分股都是好公司，
优胜劣汰。

而且，买指数基金还有其他好处：

成本低

因基金经理只需抄作业，不用费神择时和选股，所以只收取较低的管理费；也因指数变动较少，买入卖出少，交易费也少。

风险低

持有几十支、上百支股票，任何一支股票的价格变动都不会对指数产生太大影响。降低了非系统性风险。

人为错误低

基金经理的主要任务是监测目标指数的变化，并保证基金的构成与指数匹配，人为错误较少。

牛市表现好

指数基金采用纪律化投资，克服了情绪影响，仓位维持在90%以上，当牛市来了，就不会错过。

指数基金

我很喜欢捡便宜货。
但经常遇到"便宜无好货"的情况。
指数基金卖得便宜，但真的好吗？

假设一支基金收益不错，年收益率高达10%。
目前，主动基金的平均费率约为 **4%**，
（含申购费、赎回费、管理费等）

扣除成本后，年收益率就降到6%了。

此外，我们通常通过媒体广告、银行或其他代销机构推荐，才能接触到主动基金。这其中产生的佣金，也暗含在费用中。

而银行、券商等渠道较少推荐指数基金，就是因为指数基金没什么返佣。

而指数基金的费率一般都低于 **1%**，场内购买的话更便宜，后面的章节会详细介绍。

因此，指数基金的收益只要超过7%，就赢了上述这支优秀基金。

所以，**省到的钱，也是实实在在的收益啊！**

就算只相差1%的收益，
长期复利之后，也会拉开很大的差距。
可谓"差之毫厘，谬以千里"。

指数基金的年收益率平均只有7%~9%，
会不会低了些？

老听人说"×××涨了20%"，
还有听说"月赚30%"的。

7%~9%是多年平均的收益率。
如果算上股息，收益还能再高一些。
获得20%、30%收益率，一单半单容易，
要想长年累月始终保持就千难万难了。

我就是靠着20%的年均收益率，
成就了"股神"之名。

依我多年的经验：
那些月收益率就达到30%的，
肯定是骗局。
千万不要贪高收益率，
只要不贪，
一切金融骗局都是"纸老虎"。

**看收益，
更要看风险！**

投资陷阱

什么是**系统性风险**？

就是一些**大灾大难**，会影响全部公司的风险。

由公司外部因素引起，公司自己无法控制，也不能通过投资组合进行有效分散。

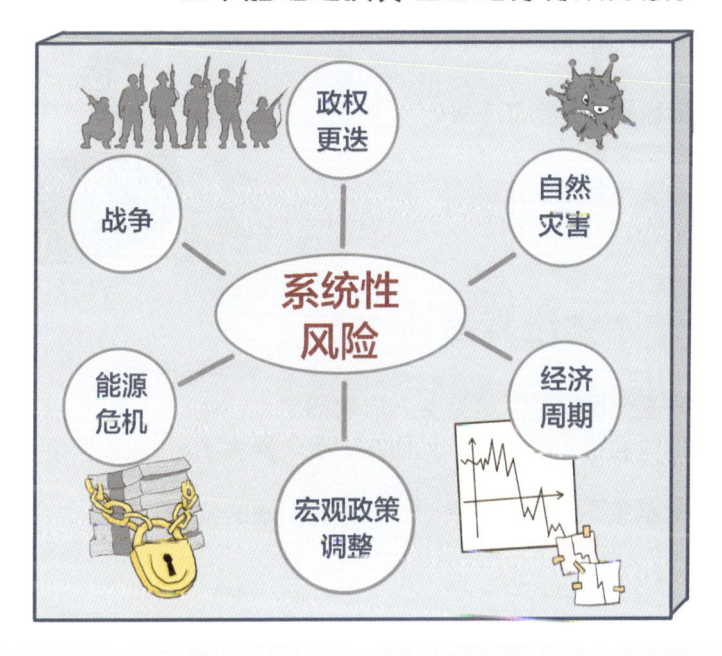

- 政权更迭
- 自然灾害
- 战争
- 系统性风险
- 能源危机
- 经济周期
- 宏观政策调整

我们可以通过<u>定投、低位加倍增持或跨地域配置等方法</u>来降低系统性风险的负面影响。

> 系统性风险防不了，那指数基金能防什么风险？

1 个股遭遇"黑天鹅"的风险

一些事先无法预料、
短时间内爆发的风险，
会给相关个股带来灾难性的影响。

但指数基金包括几十支、
上百支股票，
波动就不会那么大。

"塑化剂"事件　中美贸易战
假疫苗事件
沙特石油设施遇袭
"三聚氰胺"事件

2 个股破产风险

本来看好的公司，结果买入后倒闭了，
只能收回很少的本金，其他本金永久损失了。

指数基金不会选择亏损的、财务有问题的公司。

金立手机　渤海钢铁　诺基亚　雷曼兄弟　通用汽车　安然公司

当年，
道琼斯指数的 **20** 个成分股，
到今天，
只剩下通用电气 **1** 家。

而道琼斯指数从 **100** 点
涨到了今天的 **30000** 点。

基金：

把钱委托给专业人士管理。

可能出现委托代理问题

在基金业中，有一些不规范的行为：

抬轿子

同一基金公司旗下，明星基金先买入某支股票，其他基金再陆续买入该支股票，推高股价。

牺牲个别基金的利益，造就一支明星基金，从而带动整个公司的收入上涨。

老鼠仓

基金经理先用自己或亲友的账户购买某股票，再用投资人的钱大量买入该股票，等股价涨高后，先卖出自己账户上的股票，再卖出投资人的股票。

利益输送

基金公司与上市公司合谋哄抬股价，帮助大股东套现牟利。

只需抄作业的指数基金，规则明确，操作透明，减少了有意或无意的人为错误，避免了委托代理问题。

> 为什么指数基金牛市表现好？
> 熊市的表现又怎样呢？

咱们的A股，基本上是一个
"长期震荡、偶尔突击给点糖吃" 的市场。

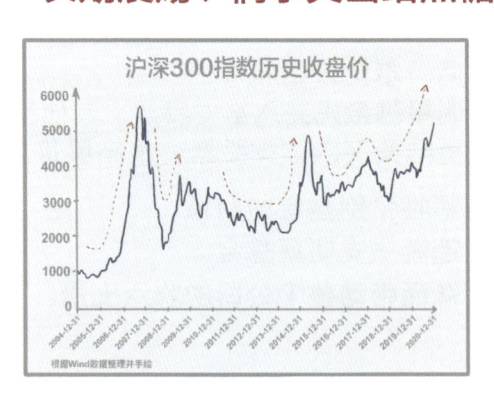

沪深300指数历史收盘价

这十几年间，
出现过两个大高点、
很多个小高点，
以及超多的波浪线。

即使一年整体表现很好，
中途仍会出现几次
较大的跌幅。

股市上涨的时间很短，如同闪电。
当闪电打下来时，我们必须在场。

但是，市场涨涨跌跌，很多人**会不敢下手购买**。
涨了，怕贵；跌了，怕继续跌。
犹犹豫豫之时，可能就错过了收益。

指数基金放弃预测，
克服了情绪影响，
仓位长期维持在90%以上，
闪电来时，一定在场。
因此，牛市表现较好。

而在熊市或波动市时，
因为没有个股破产风险，
可以放心**以定投方式买入**，
拉低平均成本，
静待牛市一飞冲天。

股神巴菲特

致股东的信

1993年：

"通过**定投指数基金**，一个什么都不懂的投资人通常都能打败大部分专业基金经理。"

2004年：

"过去35年来，美国企业创造了优异的成绩。大家只要通过**投资指数基金**这种分散且低成本的持有股票方式，就能获得相应的优异收益。

但绝大多数投资人跑输了大盘，

因为他们：
1. 买入卖出太频繁，费用太高；
2. 靠小道消息或市场潮流来投资；
3. 盲目追涨杀跌，择时错误。"

2008年： "如果我只有30岁，每天工作谋生，没时间投资，我会把所有钱都投资了一支低成本的标普500**指数基金**，然后，继续努力工作……

2014年： 立下遗嘱"去世后，名下90%的现金将让托管人购买**指数基金**。"

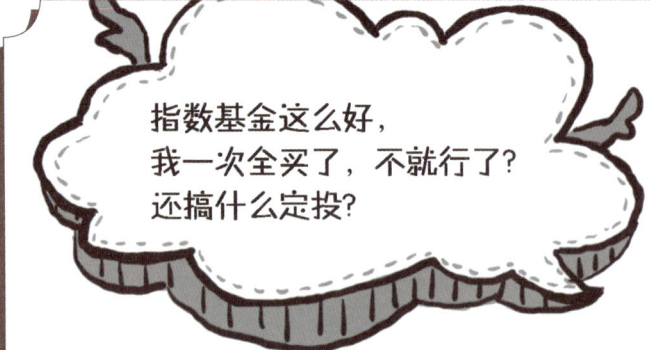

指数基金这么好,我一次全买了,不就行了?还搞什么定投?

我们哪像你这么有钱啊!就只能慢慢存钱,每月定投了。

本金少是采用定投的一个原因。
更重要的是,定投是分不同批次入场的,降低了高位入场的风险。
谁能保证你买入的时机不在高位啊!

我平常工作太忙,每次买股票,
都是听说身边亲戚朋友都赚钱了,
才后知后觉进场,
结果,大多数都买在高位。
所以,亏得多,赚得少。

可是，指数投资在美国有效，在咱们中国也能行吗？我听说A股可是十年不涨！

我十年磨一~~剑~~点！

A股上证指数：
2009年10月16日：2976点
2019年10月16日：2977点

见证奇迹的时刻到了！

举个例子：

老王定投基金A，
每月投入1500元，
第5个月全部卖出。

该基金波动很大，
在5个月后回到原点。

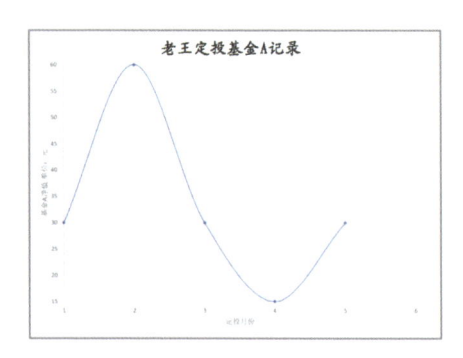

老王定投基金A

月份	基金净值(元)	金额(元)	份数
1月	30	1500	50
2月	60	1500	25
3月	30	1500	50
4月	15	1500	100
5月	30	1500	50
总计		7500	275

投入金额(元)	7500
卖出金额(元)	8250
差价(元)	750
收益率	10%

谁又在叫我？

老王定投基金A记录

和A股一样，基金A波动很大，
之后，又回到原点。
但是，收益却很不错。

怎么回事？
怎么这么简单的操作，就有10%的收益？

秘方　**份数 = 金额 / 净值**

每个月买的金额一样，
当净值上升时，买的份数就会减少；
当净值下跌时，买的份数就会增多。
长期下来，就拉低了投资的成本。

> **误解**
>
> 很多人会误以为
> 在先跌后涨的行情中,
> <u>价格要回到定投开始时的原点</u>,
> 定投才会开始赚钱。
>
> 其实,在定投中,
> <u>盈亏平衡点</u>远低于<u>定投起始点</u>。

	单位净值(元)	每月投入(元)	获得份额
第1月	60	1500	25
第2月	30	1500	50
第3月	15	1500	100
合计		4500	175

定投起始价格	60
盈亏平衡价格	25.71
最低价格	15

在老王的例子中,如果扣除第一个月,
从第二个月60元的最高价开始定投:

假设每月定投1500元,
买入后,一路下跌,跌至30元、15元。

很多人盯着60元的定投起始价,
以为要回到60元才回本。

其实,因为定额定投,
净值越跌,买入份额越多,
成本就被越拉越低。

只需要25.71元就能盈亏平衡。
远远低于定投起始价60元。

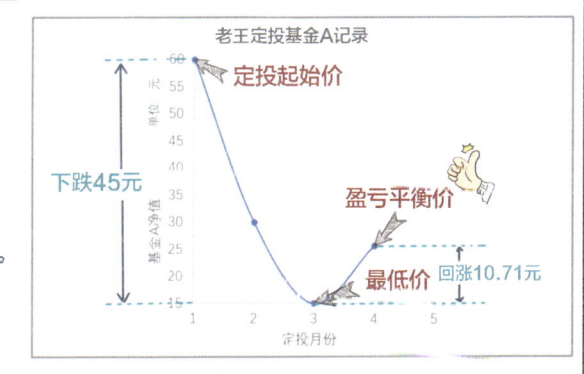

老王定投基金A记录

定投起始价
下跌45元
盈亏平衡价
最低价
回涨10.71元

定额定投,强制实施了**低买高卖**,
　　　　　　　　　让胜利来得更早一点,
而且,波动越大的指数,越适合定投。

这就是**定投的微笑曲线：**

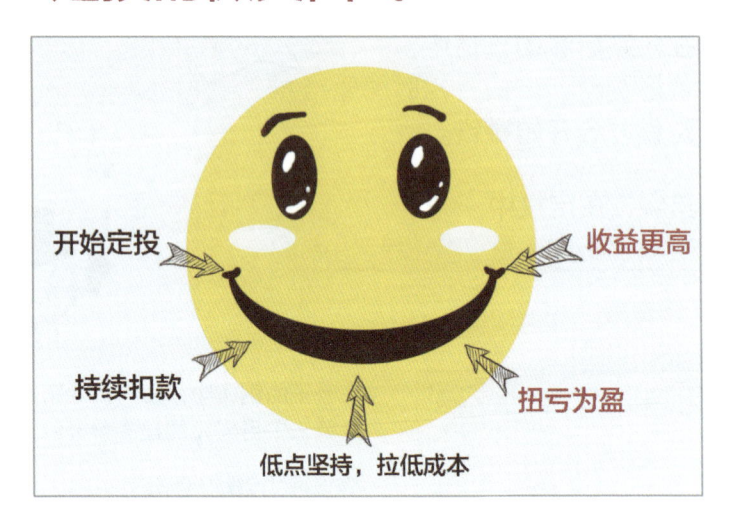

开始定投　　　　　　　　　收益更高

持续扣款　　　　　　　　　扭亏为盈

低点坚持，拉低成本

现实中的微笑曲线：

沪深300指数历史收盘价

J型微笑　V型微笑　U型微笑　W型微笑

根据Wind数据整理并手绘

定投大比拼

每月定投1000元
定投到60岁

定投同一个投资品
（年收益率8%）

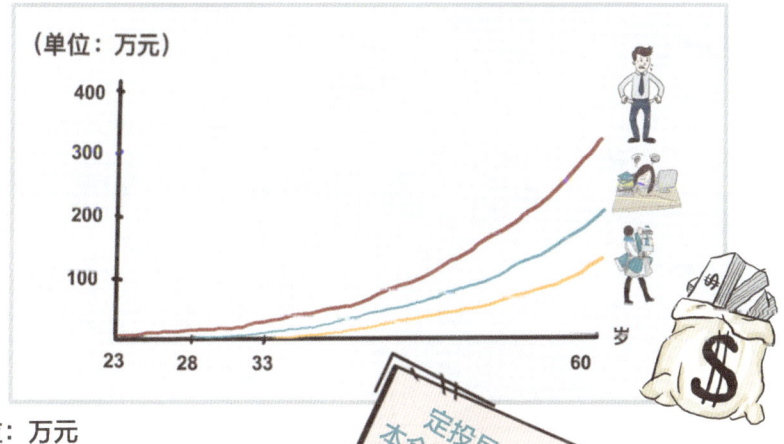

(单位：万元)

单位：万元

开始定投年龄(岁)	投入本金	最终金额
23	44.4	273.5
28	38.4	178.6
33	32.4	114.9

定投早10年，本金只多了12万元，最后多了158.6万元。

可在网上搜索**定投收益计算器**计算。

投资要趁早

定投开始得越早，经过复利的滚动，收获也就会越高！

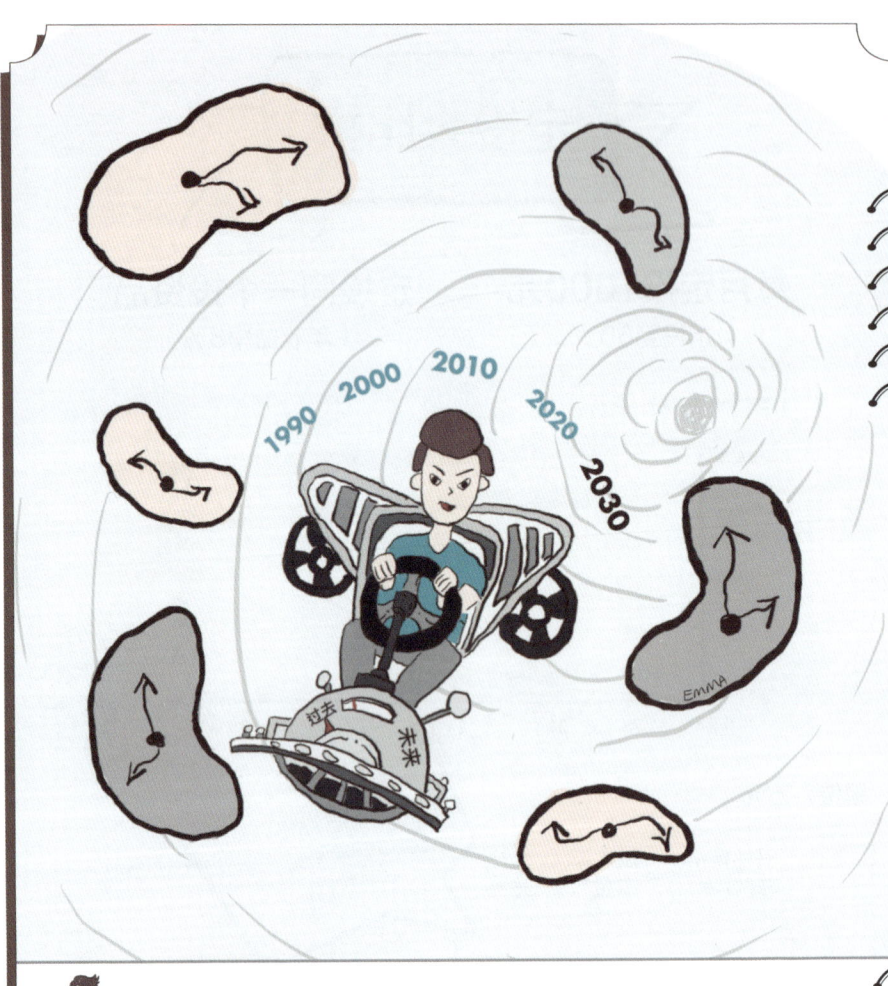

我要是能回到从前就好啦!
我要从我拿第一笔零用钱就开始定投!

**定投无须择时,
最好的时机就是现在！立刻开始吧！**

高阶定投技巧

普通定投靠每次买入固定金额，被动实现了低买高卖。

秘方

份数 = 金额/净值

每个月买的金额一样，
当净值上升时，买的份数就会减少；
当净值下跌时，买的份数就会增多。
长期下来，就拉低了投资的成本。

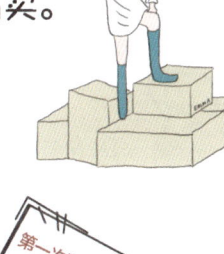

1 智能定投：帮我们择时

> 第一次买入时设定，之后无须再费心

智能定投在普通定投的基础上，通过固定的算法，让我们在涨的时候买得更少，在跌的时候买得更多。

2 大额定投：帮我们解套

当大笔资金被套时，如果我们还有足够的资金，除了傻傻地等，我们还可以进行大额定投。

每期投入被套资金的10%左右，迅速拉低平均价，力争快速弥补亏损。

如果剩余资金不足，可降低定投的资金比例，解套时间也会相应拉长。

大额定投?
没听懂!

假设:之前你在历史高位一次性买入某指数基金10万元。结果运气不好,亏损了20%,怎么办呢?

我们可以每个月定投被套本金的10%,
即:10万元×10% = 1万元。
这样持有成本会被迅速拉低。

为什么?都亏了,还敢这么大笔投入?

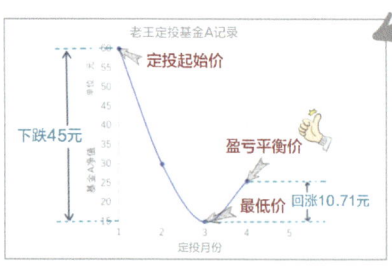

还记得这张图吗?

在定投中,
盈亏平衡点
远低于**定投起始点**!

因为指数基金没有个股破产风险,
长期持有,风险相对来说不大。
因此,可以用大额定投的方式来解套。
如果亏损的是个股,就要再斟酌。

定投的方法真好！
我以后买基金都定投！

份额更少
份额少 份额少
份额多
份额多
份额更多

定投成功的秘诀在于波动！

有波动，才会有足够的份额差。
因此，那些波动小的基金，就不要定投啦！

不适合定投的基金：
货币基金
债券基金
偏债型基金

第3章

有哪些常见的宽基指数

选"我",拥有稳稳的幸福!

我之前也想买些基金，可是一打开基金销售页面，看到那么多五花八门的选择，我就头昏眼花了。

其实，单从指数或指数基金的名字上，我们就能看出些门道：

"XX沪深300"基金

- 基金公司名
- 复制这个指数
- 从沪市和深市选股
- 挑选多少支股票

"XX中证红利指数增强"基金

- 基金公司名
- 复制这个指数

无"增强"：基金经理纯"抄作业"。
有"增强"：基金经理加入了一点自己的选择，仍以"抄作业"为主。

这个指数依靠红利的高低排名来选股。如果名称中没提及，如"沪深300"，就是依靠股票规模的大小来选股。

了解不同指数前的基础知识储备

指数代码：

是指数的身份证号。
在相关网站或软件中输入此号，
就能找到指数的相关信息，例如：
实时走势、历史走势、成交量等。

指数的发布日和基准日：

发布日： 该指数正式推向市场，可供投资者查询的日期。

基准日： 该指数的生日，在此之前没有数据可供追溯。

指数选股的潜规则：

四不选：
- 上市不满一个季度的股票 ✗
- 暂停上市的股票 ✗
- 财务上有问题的股票 ✗
- 多年亏损的股票 ✗

> 在一定程度上，保护了投资人的利益！

怎么查找指数的基本信息啊?

可以上网搜索 **指数公司的官网**:

如:中证指数公司(指数涵盖沪深两大交易所)、
深圳证券信息公司(以深交所上市的股票为主)、
恒生指数公司(以港澳上市公司为主)等。

一些财经网页非常有用(详见后页)

找到对应指数的编制方案,
从中了解指数的:

沪深300的编制方案

编制方案

1 样本空间
是在什么样的股票池里挑选的?

2 选样方法
选的是什么样的股票?

3 调仓频率
多久调整一次成分股?

划重点

举个例子

四大红利指数对比：

中证红利　VS　上证红利
深证红利　　　标普红利

① 样本空间

上证红利：只在上交所挑选（单市场选股）
深证红利：只在深交所挑选（单市场选股）
中证红利：在沪深两市选股（跨市场选股）
标普红利：在沪深两市挑选（跨市场选股）

跨市场选股，选样空间更广，
市场代表性更强，更容易选出优质个股。

② 选样方法

深证红利：考虑股息率、流动性。
中证、上证红利：考虑股息率、市值和流动性。
标普红利：考虑股息率、市值、流动性和成长性。
相对来说，标普红利的选样标准更严格全面。
但也因此削弱了"红利"这个单一因子的效果。

③ 调仓频率

中证、上证红利：每年12月调整。
深证红利：每年6月调整。
标普红利：每年6月、12月调整。
较短的周期，可以及时剔除走下坡路的股票。
成分股的自我更新和新陈代谢保证了指数的长盛不衰。

我们还可以再看看指数的：

① 成分股总数

深证红利：40支股票；
上证红利：50支股票；
中证、标普红利：100支股票。

成分股数量更多，风险就更分散，
指数受单一股票波动的影响就更小。

② 行业权重分布

数据截至2021年1月31日

	前三大权重行业占比	第一大权重行业占比	行业集中度
上证红利	62.66%	31.76%	
中证红利	65.70%	26.95%	
深证红利	71.32%	32.81%	最集中
标普红利	52.60%	20.90%	最均衡

行业分布越均衡，风险就越分散，
受市场某一时期、某一特征的影响就越少。

③ 个股市值

上证红利	大盘股为主
中证红利	大盘股为主
深证红利	中盘股为主
标普红利	大中小盘占比均衡

注意：风险分散后，收益有可能也被分散。
风险与收益之间的取舍，
取决于不同人的不同偏好。

评判一支指数是否具有投资价值，还可以看以下指标：

高阶

① 历史走势
和沪深300的指数比一比，走得更好，还是相对较差？

我就是标准！ — 沪深300

② 收益率、波动率、夏普比率
关注 累计收益率 和 年化收益率，看看该指数在一段时间内的涨跌情况。

波动率：价格上下波动的幅度，反映该指数的风险水平。

夏普比率：每承受一单位风险，能产生多少超额回报。

③ 估值、盈利预测
估值的主要指标：市盈率（PE），市净率（PB）
看看市场价格与真实价格存在的偏差。
查询专业机构对指数的盈利预测。

④ 其他指标：分红、净资产收益率（ROE）
分红：公司每年按股票份额的一定比例支付给投资人的红利。

ROE：指标越高，代表投资带来的收益越高。

什么是**估值**?
我听得有些晕。

💡 估值是用来评估指数是贵还是便宜的。

那是不是跟包包的价格一样,估值越低,越便宜呀?

爱马仕的包包和地摊上卖的包包,价格能放一起比吗?

……
那怎么办?

你买爱马仕包包的时候,怎么比较价格呀?

看看爱马仕的包包之前卖多少钱。
现在跟之前同款比,是贵了?还是便宜了?
和香奈儿的比一比,是贵了?还是便宜了?

没错!买股票也一样。
和自己的历史估值比一比,
和同行业其他公司的估值比一比。

划重点

PE 市盈率

估值指标之一

PE是多少，意味着投资要多少年才能回本。
PE越低，回本得越快。赚钱的可能性也越大。

PE>100
意味着要超过100年，我们才能回本。
风险显然非常大。

$$PE = \frac{每股市价}{每股盈利}$$

股价涨了，但公司本身没有多赚钱，盈利没涨，PE就会变大，咱们投资的风险也就变大了。

**市盈率绝对值越小，
处于近十年的区间百分位值越低，
该指数越值得投资。**

不适合盈利变化大的品种
如处于亏损期或高速成长期的高科技公司。

不适合强周期性品种
如牛市时，利润暴涨的证券公司，PE迅速降低，景气周期一过，利润将骤减。

不适合行业处于没落期的品种
行业逐渐被淘汰，盈利不断下降，PE变大变小，都不适合长期投资。

PB 市净率

估值指标之二

当企业资产大多是有形资产、且能长期保值时，可用市净率来估值。
PB越低，投资的风险越小。

$$PB = \frac{每股市价}{每股净资产}$$

净资产 = 资产 − 负债

PB < 1
该公司的市场估值低于它的实际价值。
意味着被低估，可能是买入的好机会。

相反，PB高达3或4
意味着正被高估，可能是卖出的好机会。

优点： 净资产比净利润更稳定，因此可以辅助PE估值。
如不适合用PE估值的强周期行业（证券、航空、能源等）。
如遇到短期经济危机，造成短期盈利不稳定时。

不适合以无形资产为主的公司 如以企业品牌、专利、团队、渠道影响力等为重的企业。
不适合微利或亏损的公司，
尤其是资不抵债的公司。

资产价值越稳定，市净率的有效性越高。

就像不能把爱马仕的包包
和地摊上的包包直接比价一样，
不能只看估值（PE或PB）的数字大小。

PE和PB都是相对的概念：
　　　都要与过去的自己和同行比一比。

这就牵扯到下一个指标：

估值百分位

估值指标之三

当前估值在历史中处于什么样的位置。

　　　估值百分位 = 90%
　　　意味着当前的估值超过了历史90%的时间。

在这个网站可以轻松找到这三个数哦！

很多其他的财经网站也都能找到。

结合三大指标（PE、PB、估值百分位）
我们就能知道指数是便宜，还是贵了。

　　　　　高估的时候：卖出。
　　　　　低估的时候：买入。

好用的财经网站

免费

在众多产品中筛选基金、
　　查看基金评级：晨星网

看历史业绩、持仓
　　和基金经理：天天基金网

　　　　及时了解市场行情（看盘专用）：
　　　　　　东方财富网、同花顺

　　　　看财经新闻，了解宏观政策变动
　　　　　　或各大国内外上市公司的动向：
　　　　　　华尔街见闻、巨潮资讯、财联社

看免费且全面的投资研究报告：
　　慧博投研资讯

查询指数市盈率和市盈率历史中位数：
　　乌龟量化网、蛋卷基金、芝士财富网

找大佬观点或与相同持仓的投资人抱团吐槽：
　　雪球网（投资界的微博）

> 这么多网站啊？我都看花眼了！
> 就买个指数基金，有没有简单点的？
> 最好能一键定投买入。

买指数基金最推荐的三大平台

蚂蚁财富
推荐理由： 内嵌在支付宝的"财富"页面，<u>不用额外安装</u>。和支付宝互联互通，支付、转账、提现都很方便。买基金还能赚蚂蚁会员积分，可兑换各种权益。

天天基金（推荐用网页版）
推荐理由： 老牌基金网，<u>信息最全，基本功最扎实</u>。建议每支基金都来这里查一查相关数据。有配套的手机App，也可以在此直接购买基金。

蛋卷基金 "小白"最爱
推荐理由： 深耕指数基金，又全又贴心，<u>很适合用来比较和筛选指数基金</u>。

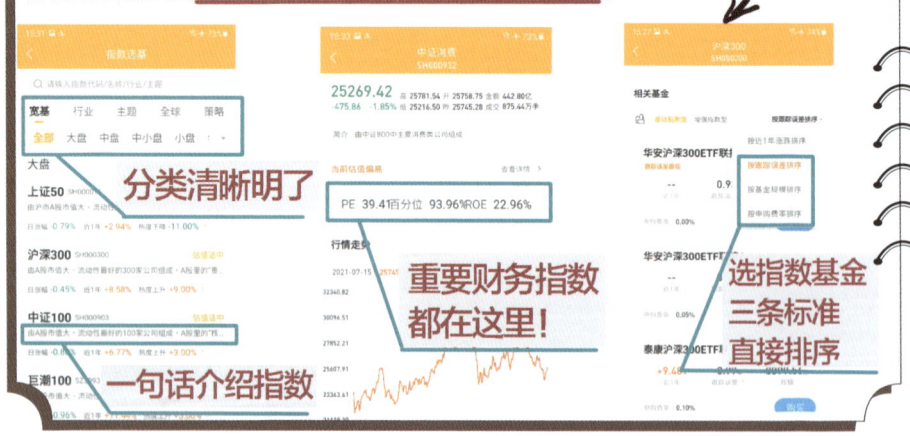

- 分类清晰明了
- 一句话介绍指数
- 重要财务指数都在这里！
- 选指数基金三条标准直接排序

啊？太麻烦了！好难哪！
我就是不想研究这些数字指标，
才一直不理财的！

我可没时间查这些！
今晚又要加班！！！

我老花眼了，看不清！
除了看赚多少钱，
其他数字，我都不想看。

定投，就是放弃择时！
通过分批入场，避免买在高位。
就算一开始买在了高位，也会被之后的份额拉低。
所以，**定投什么时候入场都可以。**
关键是挑对指数！

买主动基金，就是在**挑人**。

如果看好某位基金经理，该经理跳槽或更换了产品，很多投资人也会追随他，跟着更换产品。

从业年份：
历史业绩：
风险偏好：
投资策略：

买指数基金，关键是**挑指数**。

选指数

恒生指数　创业板　沪深300　中证500

股票指数分类

④ 主题指数：
挖掘长期趋势，将能够受惠的相关股票筛选出来，形成组合。

⑥ 策略指数：
根据特殊的投资策略编制的股票组合。

③ 风格指数：
根据股票的风格特征，可分为成长类或价值类。不同风格指数，筛选出相应的股票，形成组合。

⑤ 行业指数：
按不同的行业分类股票，筛选出相关股票，形成组合。

⑥ 红利、基本面加权……

⑤ 医疗、消费、金融地产、能源……

④ 环保、养老、国企改革、"一带一路"……

③ 沪深300价值、沪深300成长……

② 沪深300、中证500、中证1000……

① 上证综指、深证综指、创业板综指……

② 规模指数：
从市值规模角度选择的不同成分股，形成组合。

① 综合指数：
反映该市场上所有股票的走势情况。

哇！这么多类别啊！太复杂了。

简单来说，可以分为：

宽基指数

我代表整个市场的走势。
我选的股票没有区分行业。
我的家族里有：上证50、恒生指数、沪深300、标普500、中证500、纳斯达克100等。

窄基指数

我代表某行业或某主题的走势。
我只选某行业或某主题中的股票。
我受行业特性的影响非常大。
我的家族里有：

行业指数

偏周期性 该类指数呈上下波动的周期性变化。如，金融地产、能源、原材料、工业等。

非周期性 该类指数通常呈稳定向上的状态。如，消费、医疗卫生等。

主题指数

该类指数覆盖主题对应的上下游公司。如，"一带一路"、国企改革等。

那是要挑"胖胖"还是"瘦瘦"呢?

应该根据自己的风险偏好来挑选对应的指数。

我最怕跌了,心脏受不了。

我赚得差不多了,
本金大,只要稳步增长就好了。

你们选"我"就对了!

我反而喜欢波动大的,
要赚就赚大的,亏一点我也认。

我工作太忙,比较少看盘,隔好久才看一次,
看的时候,通常都波动了好几次了。
所以,有点波动也无所谓。

你们可以在选"胖胖"的同时,搭配一点"我"。

配合均衡的宽基指数:
   适合偏好中高等级风险收益的投资人。

配置集中的窄基指数:
   适合偏好高等级风险收益的投资人。

挑人，我还有点概念。挑指数，要怎么挑啊？

最简单的方法：
挑"宽"的 + 挑"三高"的

挑"宽"的：

宽基指数："我"吨位重，比"瘦瘦"更稳妥！

窄基指数（高风险高收益）："我"因为集中度较高，受行业或主题的周期影响较大，有可能几年都不景气。

建议：宽基为主、窄基为辅

比如，70%的资金定投沪深300和创业板50；
30%的资金定投主要消费指数或医疗指数。

有哪些常见的宽基指数？

请容我徐徐道来！

接下来是一系列关于宽窄指数的介绍，嫌闷的话，可以直接跳去第5章，等实操时，再回来有针对性地翻看。

常见的宽基指数

A股市场

- ✓ **上证50** — 上交所股票
  - 上交所规模最大的前50支股票

- **深证100** — 深交所股票
  - 深交所规模最大的前100支股票

- **创业板50** | ✓ **创业板指数** | 创业板股票
  - 创业板规模最大的前50支股票
  - 创业板规模最大的前100支股票

- 沪深300中规模前100支股票
- 沪深300中规模后200支股票
- 沪深两市规模排名301~800支股票

- **中证100** | **中证200** | ✓ **沪深300** | **中证500** | **中证1000** — 中国A股
  - 沪深两市规模最大的300支股票
  - 沪深两市规模排名801~1800支股票

- **中证800**
  - 沪深两市规模前800支股票

港股市场

- ✓ 恒生指数
- ✓ H股指数
- ✓ 上证50AH优选

美股市场

- ✓ 标普500
- ✓ 纳斯达克100

有 ✓ 标注的指数将在接下来几页详细介绍。

宽基指数
沪深300

"我"是标准！
"我"最重要！

沪深300

指数代码 000300（上交所） / 399300（深交所）

股票构成 由沪市和深市中，规模大、流动性好的，最具代表性的300支股票组成。

就是A股实力最强、最牛的300家公司。

选股方法 从上交所和深交所股票中，根据潜规则剔除不宜的股票之后，按最近一年日均成交金额由高到低排名，剔除排名后50%的股票。对剩余股票按最近一年日均总市值由高到低排名，选取前300名股票作为指数样本。

指数特点
1. 以大盘股为主（囊括了国内的大型上市公司）
2. 覆盖范围较广，行业分布较合理
3. 包含深交所的股票

历史表现

数据截至2021年6月30日
出自中证指数公司官网

收益率
2017年	2018年	2019年	2020年
21.78%	-25.31%	36.07%	27.21%

投资意义 是最能代表A股市场的明星指数。该指数占了国内股票市场全部规模的60%以上。投资沪深300，就是在买国运。

宽基指数
沪深300

数据截至2021年6月30日
出自中证指数公司官网

交易所权重分布：
- 上海 61.3%
- 深圳 38.7%

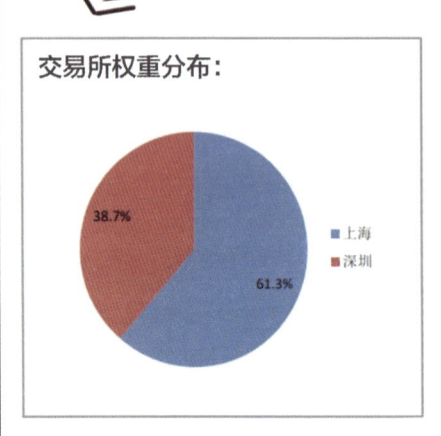

行业权重分布：
- 能源 1.1%
- 原材料 7.3%
- 工业 13.7%
- 可选消费 9.2%
- 主要消费 15.6%
- 医药卫生 11.2%
- 金融地产 25.7%
- 信息技术 12.5%
- 电信业务 1.9%
- 公用事业 1.8%

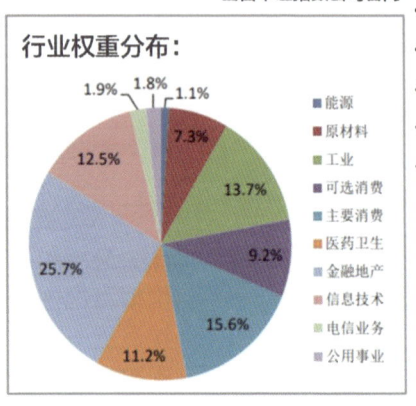

十大权重股

代码	名称	行业	上市交易所	权重
600519	贵州茅台	主要消费	上海	6.04%
601318	中国平安	金融地产	上海	3.26%
600036	招商银行	金融地产	上海	3.14%
000858	五粮液	主要消费	深圳	2.70%
601012	隆基股份	工业	上海	1.80%
000333	美的集团	可选消费	深圳	1.65%
600276	恒瑞医药	医药卫生	上海	1.42%
002415	海康威视	信息技术	深圳	1.41%
601166	兴业银行	金融地产	上海	1.40%
601888	中国中免	可选消费	上海	1.37%

波动率

1年年化	20.70%
3年年化	21.22%
5年年化	18.36%

此波动率可作为其他指数的比较基准

基本面

滚动市盈率	15.62
市净率	1.77
股息率	1.57%

市值（亿元）

成分股总市值	451789
指数市值	213807

个股市值（亿元）

个股总市值最大	25836
个股总市值最小	205
个股总市值平均	1506

大盘股

你把沪深300说得这么重要，我就想问一句话：

买它，到底赚不赚钱？

2004年年底，沪深300成立时，只有1000点。到2021年6月底，已超过5000点。如果我们2005年年初买入，持有到现在，平均年化收益将超过10%，两倍于银行理财收益。如果定投买入，年化收益可达到12%以上。

我就是靠着20%的年均收益率，成就了股神之名。

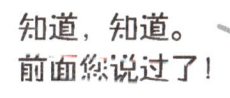

知道，知道。前面您说过了！

这么好呀？能比理财产品收益高些，我就满足了。

总之，定投沪深300，不会有非常疯狂的超额收益，但长期来看，也还是很不错的。

沪深300指数对应的**指数基金**

追踪沪深300指数的基金很多，受篇幅所限，挑选部分**历史较长，规模较大**的指数基金：

基金代码	基金名称	基金成立日	资产净值（亿元）
000051	华夏沪深300ETF联接A	2009/7/10	109.47
000311	景顺长城沪深300指数	2013/10/29	48.65
000613	国寿安保沪深300ETF联接	2014/6/5	38.57
000961	天弘沪深300ETF联接A	2015/1/20	29.04
002385	博时沪深300指数C	2003/8/26	5.3
002987	广发沪深300ETF联接C	2008/12/30	6.63
005640	平安300ETF联接C	2018/4/4	5.01
005918	天弘沪深300ETF联接C	2015/1/20	37.44
006131	华泰柏瑞沪深300ETF联接C	2012/5/29	18.41
008390	国联安沪深300ETF联接A	2019/12/25	10.48
020011	国泰沪深300指数A	2004/11/10	12.9
050002	博时沪深300指数A	2003/8/26	53.1
110020	易方达沪深300ETF联接A	2009/8/26	58.11
159919	嘉实沪深300ETF	2012/5/7	216.1
159925	南方沪深300ETF	1998/3/27	15.6
160706	嘉实沪深300ETF联接(LOF)A	2005/8/29	138.75
160724	嘉实沪深300ETF联接(LOF)C	2005/8/29	7.21
163407	兴全沪深300指数(LOF)A	2010/11/2	49.78
200002	长城久泰沪深300指数A	2004/5/21	7.34
202015	南方沪深300联接A	2009/3/25	12.85
270010	广发沪深300ETF联接A	2008/12/30	14.45
310318	申万菱信沪深300A	2004/11/29	6.6
481009	工银沪深300指数A	2009/3/5	20.4
510300	华泰柏瑞沪深300ETF	2012/5/4	410.48
510310	易方达沪深300ETF发起式	2013/3/6	90.48
510330	华夏沪深300ETF	2012/12/25	258.85
510350	工银瑞信沪深300ETF	2019/5/20	32.65
510360	广发沪深300ETF	2015/8/20	22.39
510380	国寿安保沪深300ETF	2018/1/19	36.28
510390	平安沪深300ETF	2017/12/25	15.31
515330	天弘沪深300ETF	2019/12/5	61.53
515380	泰康沪深300ETF	2019/12/27	47.23
515390	华安沪深300ETF	2019/12/13	5.05
515660	国联安沪深300ETF	2019/11/25	13.53
519116	浦银安盛沪深300指数	2010/12/10	11.02
519300	大成沪深300指数A/B	2006/4/6	15.72
660008	农银沪深300指数A	2011/4/12	5.54

数据截至2021年6月30日 出自中证指数公司官网

宽基指数 — 上证50

指数代码 000016

股票构成 由沪市中，规模大、流动性好的，最具代表性的50支股票组成。

选股方法 针对上交所的股票，剔除市场表现异常，专家委员会认定不宜的股票之后（选股潜规则），按最近一年总市值、成交金额进行综合排名，选取排名前50位的股票组成指数。

指数特点
1. 以大盘股为主（都是货真价实的大企业）
2. 过于偏重金融业（占比高达37%左右）
3. 只有上交所股票（不含深交所股票）

历史表现

根据Wind数据整理并手绘

> 不温不火，在主流指数中表现一般。

投资意义 该指数成分股大多都是关乎国计民生的大公司，要么是国家控股，要么是行业中的龙头公司。如果我们投资上证50，就持有了这些规模最大的50家企业的股票，就可以分享这些企业成长的硕果了。

宽基指数 — 上证50

数据截至2021年6月30日
出自指数官网

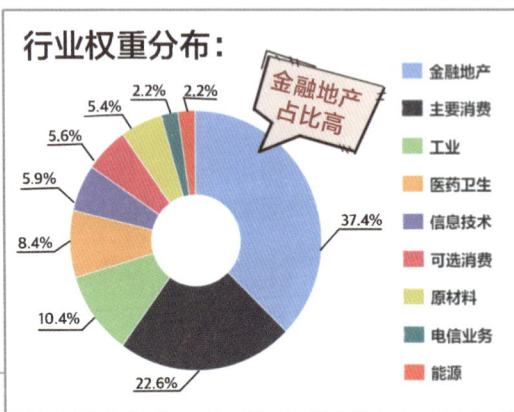

行业权重分布：

金融地产占比高

- 金融地产 37.4%
- 主要消费 22.6%
- 工业 10.4%
- 医药卫生 8.4%
- 信息技术 5.9%
- 可选消费 5.6%
- 原材料 5.4%
- 电信业务 2.2%
- 能源 2.2%

上证50成份股：

浦发银行(600000)	上海机场(600009)	民生银行(600016)
中国石化(600028)	中信证券(600030)	三一重工(600031)
招商银行(600036)	保利地产(600048)	中国联通(600050)
上汽集团(600104)	复星医药(600196)	恒瑞医药(600276)
万华化学(600309)	通威股份(600438)	贵州茅台(600519)
山东黄金(600547)	恒生电子(600570)	海螺水泥(600585)
用友网络(600588)	海尔智家(600690)	三安光电(600703)
闻泰科技(600745)	山西汾酒(600809)	海通证券(600837)
伊利股份(600887)	航发动力(600893)	中泰证券(600918)
隆基股份(601012)	中信建投(601066)	中国神华(601088)
工业富联(601138)	兴业银行(601166)	国泰君安(601211)
农业银行(601288)	中国平安(601318)	新华保险(601336)
工商银行(601398)	中国太保(601601)	中国人寿(601628)
中国建筑(601668)	华泰证券(601688)	光大银行(601818)
中国石油(601857)	中国中免(601888)	紫金矿业(601899)
中金公司(601995)	药明康德(603259)	海天味业(603288)
韦尔股份(603501)	兆易创新(603986)	

沪深300最能反映A股主要大盘蓝筹股的走势，属于国内企业的中坚力量。

上证50则更聚焦于大市值企业，尤其以传统行业为主，可以说是市场的定海神针。

缺点：

盘子太大，波动性小，定投爆发力不强。

以传统行业为主，成长性不足，市场不愿意给予过高的溢价。

投资上证50需要较大的耐心。

部分相关的指数基金产品：

此处仅挑选了部分**历史较长、规模较大**的指数基金。

基金代码	基金名称	基金成立日	资产净值（亿元）
001051	华夏上证50ETF联接A	2015/3/17	13.07
001237	博时上证50ETF联接A	2015/5/27	2.32
001548	天弘上证50指数A	2015/7/16	9.41
001549	天弘上证50指数C	2015/7/16	8.37
005733	华夏上证50ETF联接C	2018/3/8	3.84
510050	华夏上证50ETF	2004/12/30	443.83
510100	易方达上证50ETF	2019/9/6	4.16
510710	博时上证50ETF	2015/5/27	5.63
510800	建信上证50ETF	2017/12/22	4.6
510850	工银瑞信上证50ETF	2018/12/7	2.03

数据截至2021年6月30日　出自天天基金网

资金少的小伙伴：不建议定投上证50

宽基指数 — 中证500

指数代码　000905（上交所）/ 399905（深交所）

股票构成　沪市和深市中，500支最具代表性的中小市值公司的股票

选股方法　排除沪深300指数中的公司，再排除最近一年日均总市值排名前300名的企业（最大限度避免选入大公司），在剩下的公司中，选择日均总市值排名前500名的公司。

指数特点
1. 国内中型企业的代表
2. 与沪深300和上证50重合度低
3. 个股权重分散，不必太担心受单一个股黑天鹅的影响

> 不相关性是分散配置的关键

历史表现

收益率

2017年	2018年	2019年	2020年
-0.20%	-33.32%	26.38%	20.87%

数据截至2021年6月30日
出自中证指数公司官网

投资意义　相比沪深300，中证500的跟踪范围更广，行业更分散。而且信息技术、消费以及医药等长期热门行业的份额占半数以上，长期潜力较大。

宽基指数
中证500

数据截至2021年6月30日
出自中证指数公司官网

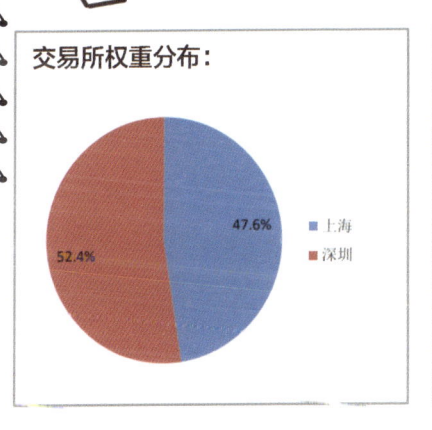

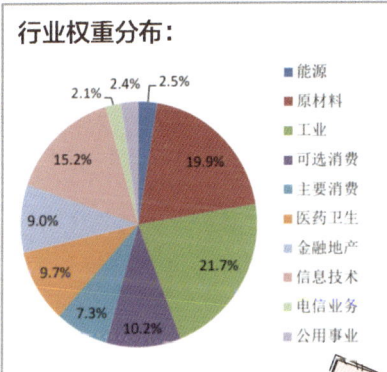

交易所权重分布：
- 上海 47.6%
- 深圳 52.4%

行业权重分布：
- 能源 2.5%
- 原材料 19.9%
- 工业 21.7%
- 可选消费 10.2%
- 主要消费 7.3%
- 医药卫生 9.7%
- 金融地产 9.0%
- 信息技术 15.2%
- 电信业务 2.1%
- 公用事业 2.4%

> 个股权重更分散

十大权重股

代码	名称	行业	上市交易所	权重
002709	天赐材料	原材料	深圳	1.00%
000799	酒鬼酒	主要消费	深圳	0.95%
603486	科沃斯	可选消费	上海	0.85%
600089	特变电工	工业	上海	0.78%
000009	中国宝安	工业	深圳	0.77%
002340	格林美	工业	深圳	0.73%
002074	国轩高科	工业	深圳	0.73%
600460	士兰微	信息技术	上海	0.73%
300285	国瓷材料	原材料	深圳	0.64%
601233	桐昆股份	原材料	上海	0.63%

波动率

1年年化	19.38%
3年年化	22.97%
5年年化	20.72%

> 波动比沪深300更大

基本面

滚动市盈率	19.33
市净率	1.91
股息率	1.31%

市值（亿元）

成分股总市值	119386
指数市值	61214

个股市值（亿元）

个股总市值最大	1306
个股总市值最小	49
个股总市值平均	239

> 市值较小

083

"我"是第二梯队！

沪深300

中证500

最近几年，中证500收益不佳！

原因一 机构投资人和海外增量资金更偏好大市值公司（多数在沪深300中）。

原因二 中小盘股票对市场资金多寡的反应更强烈，当流动性不佳时，中证500比沪深300更不抗跌。

原因三 中小企业没有头部垄断优势，不像大企业能获得更好的资源。

原因四 中小企业之间竞争更加激烈，公司盈利相对更困难。

我们更喜欢大公司

当沪深300和创业板估值过高时，
　　可能轮到中证500来补涨一波。
资金多的小伙伴，
　　不妨分少量资金来持有一些。

部分相关的指数基金产品：

追踪中证500指数的基金很多，受篇幅所限，此处仅挑选了部分**历史较长、规模较大**的指数基金。

基金代码	基金名称	基金成立日	资产净值（亿元）
000008	嘉实中证500ETF联接基金A	2013/3/22	12.06
000962	天弘中证500ETF联接A	2015/1/20	13.64
001052	华夏中证500ETF联接A	2015/5/5	21.36
001241	国寿安保中证500ETF联接	2015/5/29	8.35
002903	广发500ETF联接(LOF)C	2009/11/26	8.69
004348	南方中证500ETF联接(LOF)C	2009/9/25	4.38
005919	天弘中证500ETF联接C	2015/1/20	7.38
006215	平安中证500ETF联接C	2018/9/5	3.14
007028	易方达中证500ETF联接A	2019/3/20	4.99
007029	易方达中证500ETF联接C	2019/3/20	2.22
159820	天弘中证500ETF	2020/8/7	20.69
159922	嘉实中证500ETF	2013/2/6	26.36
159968	博时中证500ETF	2019/8/1	5.44
159982	鹏华中证500ETF	2019/11/21	2.99
160119	南方中证500ETF联接(LOF)A	2009/9/25	73.62
160616	鹏华中证500指数(LOF)A	2010/2/5	2.79
162711	广发500ETF联接(LOF)A	2009/11/26	12.77
501036	汇添富中证500指数(LOF)A	2017/8/10	2.11
510500	南方中证500ETF	2013/2/6	377.62
510510	广发中证500ETF	2013/4/11	26.45
510530	工银瑞信中证500ETF	2019/10/1	3.04
510560	国寿安保中证500ETF	2015/5/29	7.95
510580	易方达中证500ETF	2015/8/27	8.95
510590	平安中证500ETF	2018/3/23	12.37
512500	华夏中证500ETF	2015/5/5	35.62
512510	华泰柏瑞中证500ETF	2015/5/13	5.05

数据截至2021年6月30日　出自中证指数公司官网

刚刚讲的三支宽基指数
所持有的股票都是
在上交所或深交所的
　　　主板上市交易的。
因为主板的上市门槛较高，
国家给那些没有达到门槛要求，
但比较优质的小企业，
另外一个上市融资的平台——**创业板**。

主板上市门槛

创业公司

创业板也有指数：

代码：399102
创业板综指
创业板上的
所有股票

代码：399006
创业板指数
创业板上的
前100强

代码：399673
创业板50
创业板上的前50强

缺点： ✗
规模小
成交量低
流动性差
风险高
业务大起大落

优点： ✓
发展潜力大
可能获得超额收益
参照对象：
美国纳斯达克指数，
培育出了谷歌、苹果、特斯拉等巨头

应对策略：适当配置，且选择质量较优的
　　　　创业板指数或**创业板50**。

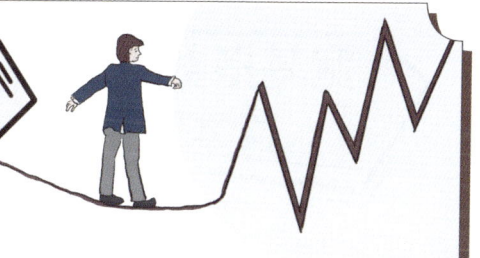

宽基指数
创业板指数

指数代码 399006

选股方法 在创业板上市公司中，挑出规模最大、流动性最好的100支股票。

指数特点

> 二八分化

1. 和中证500一样，以中小型公司为主，但经过这些年的发展，头部公司规模已经较大。
2. 指数中大多数公司仍没有进入稳定盈利期，容易受公司短期业绩影响而出现暴涨暴跌。
3. 创业板指数对牛熊市的敏感度极高。

历史表现

收益率

2017年	2018年	2019年	2020年
-10.67%	-28.66%	43.79%	64.96%

数据截至2021年6月30日
出自指数公司官网

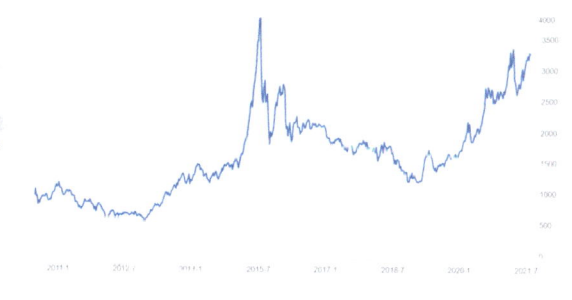

投资意义 创业板指数由一批科技创新及担负未来科技强国重任的优秀企业组成。其中，医药卫生和信息技术类近几年大热，潜藏许多泡沫，但不影响未来的前景。

087

宽基指数
创业板指数

数据截至2021年6月30日
出自指数官网

年化收益率 高收益

1Y	3Y	5Y
29.45%	30.59%	8.92%

年化波动率 高波动

1Y	3Y	5Y
30.36%	28.91%	25.85%

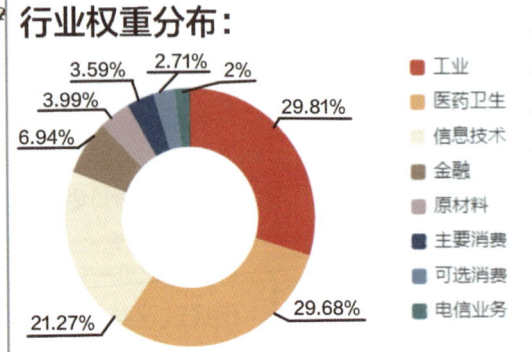

行业权重分布：

- 工业 29.81%
- 医药卫生 29.68%
- 信息技术 21.27%
- 金融 6.94%
- 原材料 3.99%
- 主要消费 3.59%
- 可选消费 2.71%
- 电信业务 2%

十大权重股：

代码	简称	行业	权重
300750	宁德时代	工业	15.75%
300059	东方财富	金融	6.89%
300760	迈瑞医疗	医药卫生	5.37%
300015	爱尔眼科	医药卫生	4.26%
300122	智飞生物	医药卫生	3.49%
300124	汇川技术	工业	3.21%
300014	亿纬锂能	信息技术	3.12%
300274	阳光电源	工业	2.92%
300782	卓胜微	信息技术	2.76%
300347	泰格医药	医药卫生	2.68%

前十大重仓股的权重占比已超过了50%，

后面90家企业共同占据的权重还不到50%。

创业板指数存在**二八分化**的现象，头部和非头部企业走势分化。

解决方案：可以去弱留强，选择**创业板50**替代创业板指数。

部分相关的指数基金产品：

挑选部分**规模较大**的指数基金：

基金代码	基金名称	基金成立日	资产净值（亿元）
001592	天弘创业板ETF联接A	2015/7/8	55.21
002656	南方创业板ETF联接A	2016/5/20	29.53
003147	南方东英中国创业板指数ETF	2015/5/18	8.03
003765	广发创业板ETF联接A	2017/5/25	11.43
005390	工银瑞信创业板ETF联接A	2018/3/21	2.02
006248	华夏创业板ETF联接A	2018/8/14	3.28
007664	永赢创业板指数A	2019/9/10	2.16
009012	平安创业板ETF联接A	2020/3/25	4.12
009046	西藏东财创业板A	2020/3/18	2.85
009981	万家创业板指数增强A	2021/1/26	4.25
010785	博时创业板A	2021/4/2	2.41
050021	博时创业板ETF联接A	2011/6/10	4.44
110026	易方达创业板ETF联接A	2011/9/20	72.27

数据截至2021年6月30日　　出自指数官网

创业板指数波动较大，一定要分批买入，最好设置定投，不要一次性买入。

划重点

沪深300 就像是
经验老道、稳重可靠的中年成功人士。

就像我这样。

你确定自己还是中年人？

中证500 就像是
有了一定口碑积累，能打敢拼的优秀青年骨干。

有谁在惦记我吗？

创业板指数 就像是
常常发挥不稳定的有志青年。

这次说的是我！

没有人想到我吗？

三大指数展示了A股市场各个发展阶段的公司经营情况，各有特色，都有较强的发展潜力。

听说还有 **主板、中小板、创业板、科创板、新三板**，

这些都有个"板"字，到底有什么区别？

对呀！我也是傻傻分不清。

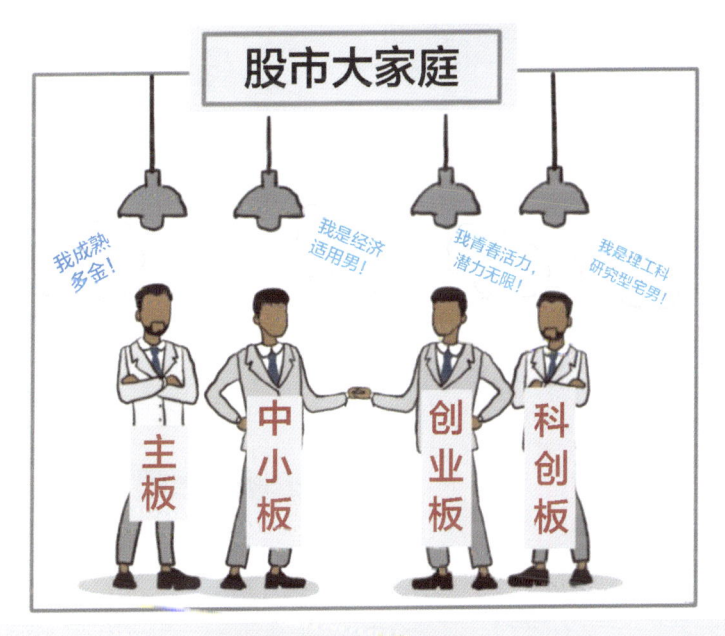

股市大家庭

我成熟多金！ — 主板
我是经济适用男！ — 中小板
我青春活力，潜力无限！ — 创业板
我是理工科研究型宅男！ — 科创板

交易所市场（场内）

主板： 大国企、大蓝筹
上交所：公司代码开头为600
深交所：公司代码开头为000

中小板： 民营龙头企业
深交所：公司代码开头为002

科创板： 烧钱搞科技，无须审批，注册上市
上交所：公司代码开头为688

创业板： 民营高新技术企业
深交所：公司代码开头为300

< 还有新三板呢？

申请上市

审核不通过

< 公司很缺钱，不能上市，还能去哪里融资啊？

去新三板吧！ >

新三板的全名是：
全国中小企业股份转让系统。
属于场外市场，
为非上市公司提供融资服务。

在新三板中，根据企业的综合实力，
分成精选层、创新层、基础层三个板块。
基础层最差，精选层最好。每年给这些企业"考试"一次，
成绩好的，可以升级；成绩差的，会被降级。

为什么上市公司要分这么多"板块"啊?

方便**不同投资偏好**、**不同风险承受能力**的投资人进行投资:

"我"成熟多金!是国有企业大蓝筹!

主板

"我"是经济适用男!虽然是民企,但是"我"是行业龙头。

中小板

主板和中小板中的企业,经营较为稳定,**确定性高**。

没有太多投资经验、资金较少、风险承受能力弱的小白散户,也适合参与投资。

长期持有的话,风险较低。

创业板和科创板中的企业,成长潜力更高,但风险也比较大。

尤其是只靠注册就能上市的科创板,与需要审批上市的其他板块相比,其中的企业**良莠不齐**。

适合投资经验更丰富、资金较雄厚、风险承受能力更强的投资人。

"我们"虽然年轻,却常常给人惊喜,当然,也时常经历失败。

创业板

"我们"走在科技的最前沿,研发投入虽大,需要大量资金,可一旦成功,就能弯道超车。

科创板

而新三板,则主要是机构客户在参与,**不太适合散户**投资人。

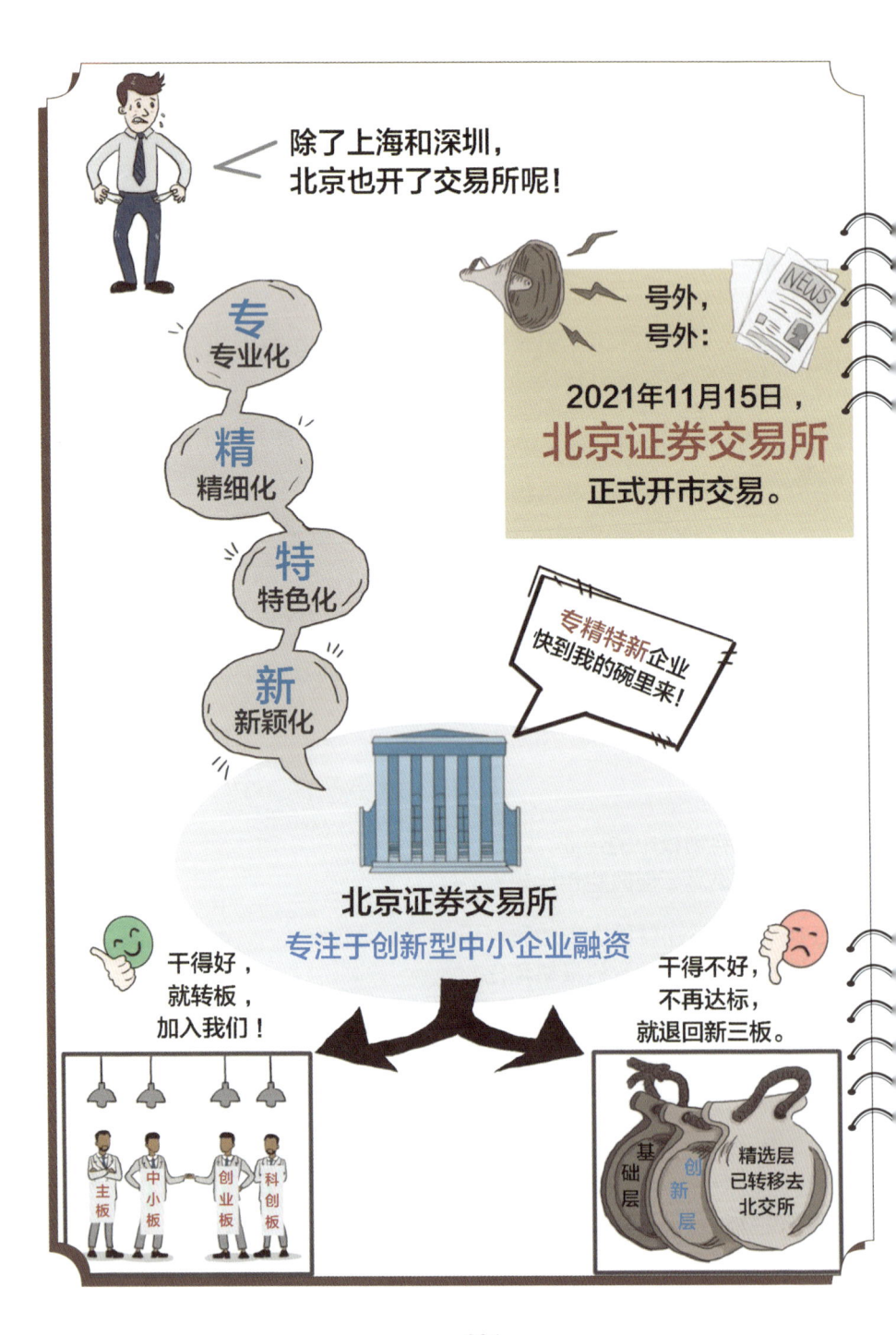

除了上海和深圳，北京也开了交易所呢！

专 专业化
精 精细化
特 特色化
新 新颖化

号外，号外：

2021年11月15日，**北京证券交易所**正式开市交易。

专精特新企业快到我的碗里来！

北京证券交易所
专注于创新型中小企业融资

干得好，就转板，加入我们！

干得不好，不再达标，就退回新三板。

主板　中小板　创业板　科创板

基础层　创新层　精选层已转移去北交所

你之前说：新三板的公司风险高，不适合散户。
现在，把原本新三板精选层的公司移去了北交所，
那么，我们小散户能投资北交所股票吗？

能居于精选层，也算是优中选优了，
但依旧属于高风险类别，
尤其是北交所设置的涨跌停限制为30%，
而非沪深主板的10%，
因此，要做好暴涨暴跌的心理准备。

小知识：涨跌停限制30%
即：股价当天上涨的幅度达到30%，
就触及天花板，股价被限制，不再继续上涨；
股价当天下跌的幅度达到30%，就触及地板，
股价被限制，不再继续下跌。

为了保证投资人有足够的投资经验和实力，
北交所设置了交易门槛：

在申请交易权限前的20个交易日内，
个人投资者的证券账户和资金账户内
的资产日均不低于50万元，
并且有2年以上的证券交易经验，才能被批准入市。

没有50万元，还想进北交所投资，怎么办？

可以通过购买北交所主题基金来参与，
而且基金持有多支股票，比投资单一股票，风险要小很多。

我想投资境外，拿点美元资产，对冲一下人民币贬值的风险，有什么简单的方法啊？

可以购买 **QDII基金**。

QDII：合资格境内机构投资者
（Qualified Domestic Institutional Investor）

我想买港股和美股。

交给我，我有额度，我帮你代购。

小知识：
QDII基金：在一国境内设立，经该国有关部门批准从事境外证券市场的股票、债券等有价证券业务的证券投资基金。

好处：
　　不用会英文，
　　不用境外开户，
　　没有烦琐的行政手续，
　　不占用个人的外汇额度。

我想低位再买一点。

最近买的人太多，我的额度用完了，只能暂停申购了。

由于金融政策经常调整，
QDII基金的额度可能会突然受到影响，
因而打乱基金的投资计划。
有时，市场气氛热烈，
基金会因额度用完而暂停申购。

不行

申购　QDII基金

在分批建仓或加仓时，可能遇到不能买的风险。

主动股票型

指数型 ← 此乃本书重点

混合型

债券型

QDII基金大家庭

另类投资型
（大宗商品型、绝对收益型、房地产信托型、房产配置型FOF）

艾玛在其他几本书中多次推荐的REITs就可以在这里买！

买QDII基金还需要留意：

🥄 汇率波动风险

买海外资产就必须换外币，也就自然要面对汇率波动的风险。

除了汇率波动引起的币值价值起伏，人民币贬值，会鼓励更多人持有外币资产，QDII基金受到追捧，基金净值也可能因此上涨，反之，人民币升值，基金净值可能因此下跌。

🥄 **管理费率较高** 毕竟买卖海外资产麻烦很多。

🥄 **申购赎回较慢** 通常申购慢一天，赎回到账慢一倍。

🥄 **节假日不同**，给申购赎回带来一点小麻烦。

通过QDII基金买什么境外指数好呢？

港股市场
- 恒生指数
- H股指数
- 上证50AH优选指数

美股市场
- 标普500指数
- 纳斯达克100指数

其他海外市场指数

香港交易所
有很多特色股：

1. 港股较早开放给**亏损公司**，
   因此迎来了"腾讯"这只金凤凰。

2. 2018年，开放给了**同股不同权的公司**，
   迎来了"小米""美团""阿里巴巴"等公司。

3. 港股还拥有A股没有的**独特类型**：
   如：博彩行业（"银河娱乐""金沙中国"等）、
   盲盒（"泡泡玛特"）电子烟（"思摩尔国际"）、
   墓葬行业（"福寿园"）等。

4. 港股有一些优秀的**国际公司**：
   如：友邦保险、英国保城、普拉达（Prada）等。

5. 一些前景很好的**行业龙头**，也齐聚港股：
   如：在线医疗类（"平安好医生"）、
   现金流特别好的物业公司（"碧桂园服务"）等。

如今，越来越多的
个人投资者开始进入港股市场。

宽基指数 — 恒生指数

估值洼地　多市场配置

> 1964年，它就存在啦！和我一样，都是老资格啦！

由港股中58家**市值最大**、**流动性最好**的公司组成。代表港股市场上的蓝筹股。

港股市场以机构投资者为主，定价更加成熟，<u>每季度重新选一次</u>，企业经营不好会以更快的速度被淘汰。

恒生指数从1964年的100点开始，如今，已高达30000点左右。

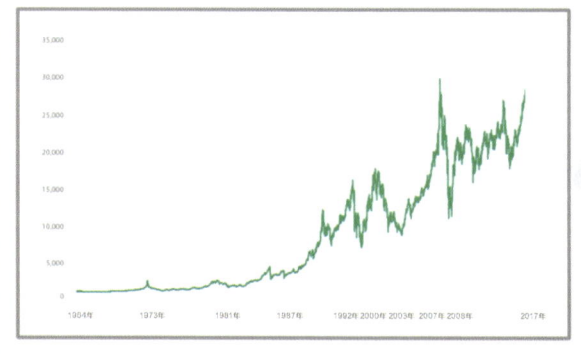

我历史悠久！
我收益稳定！
我是国货之光！

恒生指数历史表现（1964—2017年）　数据出自恒生指数官网

宽基指数 — 恒生指数

估值洼地　多市场配置

从历史成绩来看，恒生指数的年均收益并不突出，**近几年大幅跑输沪深300指数。**

但是，随着越来越多优质的互联网公司在港股上市，以及优质中概股从美股回归港股，恒生指数的未来前景值得期待。

恒生指数近5年表现

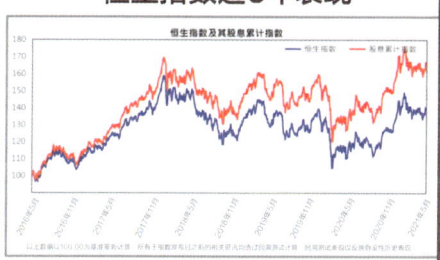

十大权重股

股票号码	公司名称	行业分类	比重(%)
1299	友邦保险	金融业	9.61
700	腾讯控股	资讯科技业	9.37
5	汇丰控股	金融业	8.26
939	建设银行	金融业	5.59
9988	阿里巴巴－ＳＷ	资讯科技业	5.57
3690	美团－Ｗ	资讯科技业	4.75
388	香港交易所	金融业	4.74
2318	中国平安	金融业	4.07
1810	小米集团－Ｗ	资讯科技业	3.88
2269	药明生物	医疗保健业	3.21

金融业占比较高，其次是科技类。

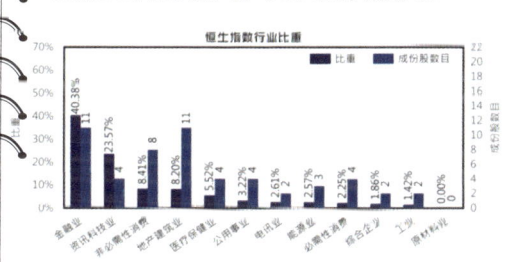

内地企业在港股市场上占比越来越重，因此，恒生指数表现**跟内地市场密切相关。**

但投资人仍**以境外投资者为主，特别容易受到境外市场影响。** 加之**没有涨跌停制度，** 遇到海外或内地一些"黑天鹅"事件时，波动幅度可能更剧烈。

数据截至2021年5月30日　数据来自恒生指数官网

中国香港本地的小伙伴，可以通过购买 **盈富基金** 来投资恒生指数。

中国内地的小伙伴，还是主要依靠 **QDII型基金** 来投资。

部分相关的指数基金产品：

基金代码	基金名称	基金成立日	资产净值（亿元）
000071	华夏恒生ETF联接A	2012/8/21	24.67
000075	华夏恒生ETF联接现汇	2012/8/21	24.67
000076	华夏恒生ETF联接现钞	2012/8/21	24.67
005734	华夏沪港通恒生ETF联接C	2018/3/8	5.38
006381	华夏恒生ETF联接C	2018/9/19	13.74
000948	华夏沪港通恒生ETF联接A	2015/1/13	7.65
159920	华夏恒生ETF	2012/8/9	126.61
164705	汇添富恒生指数A	2014/3/6	2.31
513600	南方恒指ETF	2014/12/23	3.64
513660	华夏沪港通恒生ETF	2014/12/23	17.48

数据截至2021年3月31日　来自天天基金网

恒生指数以机构投资人为主，波动和收益都不如沪深300指数。资金少的小伙伴：不建议定投。

恒生指数中最吸引人的科技板块，可通过定投科技比重更高的H股指数来获得。

宽基指数 — H股指数

估值洼地　多市场配置

> H股不就是Hong Kong股吗？
> H股指数和恒生指数有什么不同？

H股指数
全称：恒生中国企业指数
别称：国企指数

H股公司在中国内地注册，但在中国香港上市。

> 哈？里面都是国企啊？

此国企 ≠ 彼国企

不不不！这里的国企是指"中国的企业"。即在中国内地注册，但在中国香港上市的公司。
扩容后的H股指数，也开始纳入"注册地不在内地，但主营业务在内地"的公司。

H股指数 ≠ 恒生指数

恒生指数中含有中国的企业，如腾讯控股、阿里巴巴等，也有中国香港本地和国际的企业，如友邦保险、汇丰控股等。

H股指数则选取的是最大及成交最活跃的50家在中国香港上市的中国企业。

划重点

宽基指数 — H股指数

估值洼地　多市场配置　中国香港

H股指数历史表现

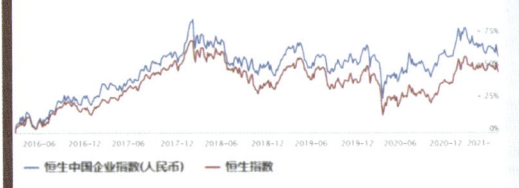

H股指数经历过三次重大调仓，历史成绩参考意义不大。

2020年9月，纳入在美国上市、又回归港股的科技股。

调仓后，**科技行业成为H股指数的第一重仓行业**。

调仓后，配置更吸引人：

科技龙头
+
低估值金融股
+
可选消费

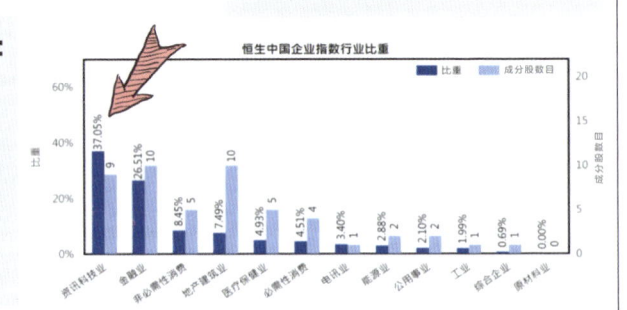

恒生中国企业指数行业比重

	比重	成分股数目
资讯科技业	37.05%	9
金融业	26.51%	10
非必需性消费	8.45%	5
地产建筑业	7.49%	10
医疗保健业	4.93%	5
必需性消费	4.51%	4
电讯业	3.40%	1
能源业	2.88%	2
公用事业	2.10%	2
工业	1.99%	1
综合企业	0.69%	1
原材料业	0.00%	0

十大权重股

股票号码	公司名称	行业分类	比重(%)
3690	美团-W	资讯科技业	8.46
9988	阿里巴巴-SW	资讯科技业	8.33
700	腾讯控股	资讯科技业	7.68
939	建设银行	金融业	7.53
2318	中国平安	金融业	5.48
1810	小米集团-W	资讯科技业	5.04
1398	工商银行	金融业	3.83
1024	快手-W	资讯科技业	3.69
941	中国移动	电讯业	3.40
3968	招商银行	金融业	2.94

越来越多的内地资金南下，主要购买港股龙头股，而大多数龙头股都包含在H股指数中。

H股指数 VS 恒生指数

H股指数科技占比更高，成长性更高，波动更大，相对来说，定投收益更好。

恒生指数国际化程度高，金融地产占比更高，较稳健，在地域分散配置方面更有优势。

部分相关的指数基金产品：

基金代码	基金名称	基金成立日	资产净值（亿元）
005675	易方达恒生国企ETF联接C	2018/2/9	3.74
110031	易方达恒生国企ETF联接A	2012/8/21	12.54
110032	易方达恒生国企ETF联接现汇A	2012/8/21	12.54
159850	华夏恒生中国企业ETF	2021/2/1	11.11
159954	南方恒生中国企业ETF	2018/2/8	3.52
159960	平安港股通恒生中国企业ETF	2018/9/21	6.07
160717	嘉实恒生中国企业	2010/9/30	2.45
161831	银华恒生中国企业指数	2014/4/9	3.98
510900	易方达恒生国企ETF	2012/8/9	102.81

数据截至2021年6月30日 出自天天基金网

如果只能定投一支港股的宽基指数，建议定投成长性更高、波动更大的H股指数。

告诉你们一个有意思的玩法：

AH股轮动策略

很多公司同时在A股和港股上市：
如中国平安、招商银行、中信证券等。

我们是好朋友，
我们关系密切。

由于港股市场以机构投资人为主，
尤其是外资的比例较高，
受国际形势影响较大。

A股指数　H股指数

A股则以散户为主，
受国内投资情绪影响较大。
加上不同的流动性、买卖障碍等其他因素。

左口袋，
右口袋，
都是我的口袋。

**使得同一家公司的股票
在两个市场上涨跌不同步。**

有时A股涨得较多，有时H股涨得较多。

长期来看：都是同一家公司的股票，
长期收益应该是一致的。涨得慢的股票，
在未来一段时间内，应该会补涨。
所以，如果AH股差价过大，
相对便宜的那个未来收益会更好。

应对策略： **买入AH股中相对便宜的那个，
卖出相对贵的那个。**

听上去有点复杂，我们"小白"怎么操作呢？

啥？还要时不时比较两支股票哪个走得快？我只想知道什么时候我可以下班走得快！

上证50AH 优选指数

放心，有我在，就有偷懒的方法。

① 成分股与上证50相同。

② 成分股入选50AH优选指数时，如果成分股同时有A股和H股，选择便宜的那个。

③ 每月第二个周五，进行一次轮动。

缺点： **牛市涨不动：** A股较情绪化，牛市涨得高，港股较理性，此时，选便宜的港股，可能卖掉涨得多的A股，买入涨得少的港股。

熊市跌得狠：
熊市A股跌得狠，相对便宜，此时卖出跌得少的港股，买入A股，可能会继续不理性下跌。

而且每个月轮动，交易费高。

如果资金少，不建议定投。

相关指数基金：

华夏上证50AH优选指数
代码：501050
基金成立日：2016年10月27日
基金规模：13.13亿元

"我"是老大!

无论是影响力,还是规模,美国市场都是当之无愧的老大!

过去几十年,**美元资产**表现非常稳定。
可以用来对冲人民币资产的风险。

在美元资产中,
买房产:隔山买牛,打理起来极其不方便。
买债券:门槛太高,除了国债,其他"企业债"都看不懂。
美股就是一个很好的选择。

通过对应的QDII基金
定投美股的两大指数,
我们可以轻松持有美国的优质资产。

最重要的是:
　　不用懂英文!
　　不用换汇!
　　不用跑去境外开户!

宽基指数 — 标普500

囊括了美国纽交所和纳斯达克两市场的505家领先公司。

选股标准：

并不单纯依照市值规模选股，
要想入选，
必须是一个行业的领导者。
此外，ROE也是一个重要指标。

是追踪资金最多的指数。

如果有哪支股票被纳入标普500，
立刻就会被大量资金买入，
带来快速上涨。

反之，一旦被踢出标普500，
也会在短期内被大量抛售。

ROE 净资产收益率
衡量资产运作的效率

$$ROE = \frac{净利润}{净资产}$$

< 什么意思?

投入同样的钱,
ROE越高的企业,收益越高,
说明资产的运作效率越高。

< 我选择的公司都是
ROE超过20%的企业。

标普500指数在选股时
非常重视公司的ROE指标。

宽基指数
标普500

> 我推荐、我信任标普500指数。
> 我靠它赢了十年赌约。

因为标普500加入了主观判断，
优选行业龙头，长期盈利更好的公司，
长期来看，增长非常稳定：
标普500从1941年的10点开始，2021年有3000多点。

年度表现

2020年	2019年	2018年	2017年	2016年	2015年	2014年	2013年
10.43%	33.3%	0.88%	13.88%	18.74%	7.11%	16.67%	28.89%

在各行业的分布、大小型公司的选择方面更均匀：

按指数权重的十大成分股

成分股	代码
Apple Inc.	AAPL
Microsoft Corp	MSFT
Amazon.com Inc	AMZN
Facebook Inc A	FB
Alphabet Inc A	GOOGL
Alphabet Inc C	GOOG
Tesla, Inc	TSLA
Berkshire Hathaway B	BRK.B
JP Morgan Chase & Co	JPM
Johnson & Johnson	JNJ

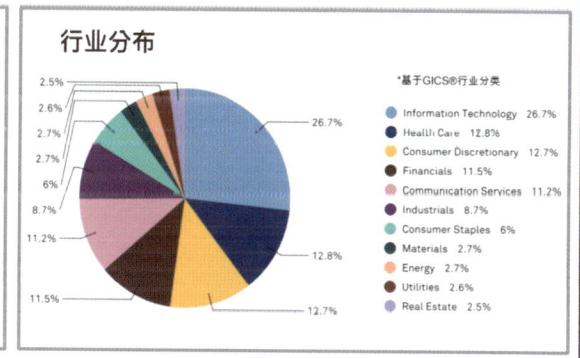

行业分布 *基于GICS®行业分类

- Information Technology 26.7%
- Health Care 12.8%
- Consumer Discretionary 12.7%
- Financials 11.5%
- Communication Services 11.2%
- Industrials 8.7%
- Consumer Staples 6%
- Materials 2.7%
- Energy 2.7%
- Utilities 2.6%
- Real Estate 2.5%

数据截至2021年4月30日 来自标普官网

标普500指数优点：

采样面广、代表性强、
精确度高、连续性好、
成分股高达505支，风险分散。

想投资美股的小伙伴：值得定投。

部分相关的指数基金产品：
剔除了基金规模较小的基金。

基金代码	基金名称	基金成立日	资产净值（亿元）
003718	易方达标普500指数美元	2016/12/2	4.21
006075	博时标普500ETF联接C	2018/6/7	2.47
050025	博时标普500ETF联接A	2012/6/14	9.85
096001	大成标普500等权重指数	2011/3/23	3.06
161125	易方达标普500指数人民币	2016/12/2	4.21
513500	博时标普500ETF	2013/12/5	27.26

数据截至2021年3月31日 来自天天基金网

宽基指数 — 纳斯达克100

由美国纳斯达克100支最大型**非金融类**上市公司组成，以高成长性的科技股为主。以市值加权为基础，每季度调整权重。

36年140倍

从1985年2月至2021年2月，36年共增长了140倍。长期业绩惊人！

近10年，年化波动率19.96%，整体波动不大，风险收益比很高。

数据截至2021年7月15日　来自指数官网

十大权重股

代码	名称	权重
AAPL	苹果	12.06
MSFT	微软	9.45
AMZN	亚马逊	8.63
TSLA	特斯拉	5.15
GOOG	谷歌-C	3.51
FB	脸书	3.31
GOOGL	谷歌-A	3.19
NVDA	英伟达	2.66
PYPL	贝宝	2.49
NFLX	奈飞	1.92

十大权重股之后，还有英特尔、高通、德州仪器，以及中国的企业京东、拼多多等。

特点：高科技 高成长 非金融

代表全球最尖端、也最核心的科技力量。

每一家都是闪闪亮的明星！

比单独的科技行业指数配置更分散 整体表现更均衡

- 科技 53.55%
- 可选消费 24.38%
- 医疗保健 6.50%
- 通信 5.66%
- 工业 5.23%
- 日常消费 2.51%
- 公用事业 0.97%
- 原材料 0.21%

数据出自指数官网　截至2021年1月31日

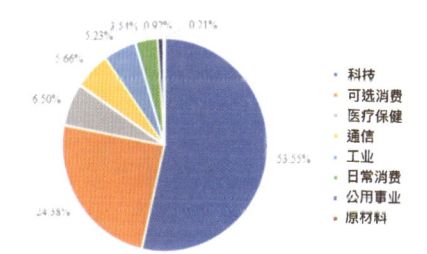

部分相关的指数基金产品：

挑选部分**规模较大**的指数基金：

基金代码	基金名称	基金成立日	资产净值（亿元）
270042	广发纳斯达克100指数A	2012/8/15	28.46
159941	广发纳斯达克100ETF	2015/6/10	7.54
513100	国泰纳斯达克100ETF	2013/4/25	16.68
000055	广发纳斯达克100美元现汇A	2015/1/16	28.46
040047	华安纳斯达克100指数现钞	2013/8/2	17.36
160213	国泰纳斯达克100指数	2010/4/29	10.67
040046	华安纳斯达克100指数	2013/8/2	17.36
006479	广发纳斯达克100指数C	2018/10/25	6.26
513300	华夏纳斯达克100ETF	2020/10/22	3.15
006480	广发纳斯达克100美元现汇C	2018/10/25	6.26
000834	大成纳斯达克100	2014/11/13	13.17
161130	易方达纳斯达克100人民币	2017/6/23	8.78
040048	华安纳斯达克100指数现汇	2013/8/2	17.36
003722	易方达纳斯达克100美元汇	2017/6/23	8.78

数据截至2021年6月30日　出自天天基金网

权重股汇聚全球龙头，高成长性，非常优质。虽然估值较高，但全球"放水"的背景下，好资产都不便宜，建议长期定投。

其他海外市场指数

英国 富时100指数
由伦敦金融时报编制，选取了在伦敦交易所上市的最大的100家公司，如联合利华、阿斯利康等。

德国 DAX30指数
由德意志交易所推出的一个蓝筹股指数，其中包含30家主要的德国公司，如西门子、拜尔等。

法国 CAC40指数
由巴黎证交所编制，选取了在巴黎交易所上市排名前40的大公司，如欧莱雅、LV等。

日本 日经225指数
由日本经济新闻社编制，根据东京交易所第一市场上市的225家公司的股票算出修正平均股价，如软银、大金工业等。

越南 VN30指数
代表越南大盘股的表现。选取了越南全指中市值排名靠前，且流动性较好的30支股票，并限制单一个股权重不能超过10%，关联股票权重上限为15%。

对于没有太多投资经验的"小白",
建议选择宽基指数,
简单分享市场发展带来的收益,
无须承担太高的风险。

宽基的
向左走、向右走

**我要
稳稳的幸福**

买蓝筹

如:
沪深300
中证100
恒生指数
标普500等

**我追求
梦想和高收益**

买成长

如:
创业板指数
创业板50
中证500
纳斯达克100等

第 4 章

那些热门的窄基指数怎么样

再买些"我",收益更高!

宽基指数："我"包含了各行各业。过去几十年，中国经济飞速发展，"我"的收益也就不错。

就像满汉全席，什么菜都有而且都是好菜

就像时令菜要注意季节

窄基指数："我"的投资风险更高，不仅要考虑投资价值，还要考虑**不同行业的特点**和**当前所处的发展阶段**。

过去几十年，投资白酒行业或医药行业的人，与投资收音机或缝纫机行业的人，所得的收益天差地远。

宽基指数：买"你"的风险那么高，大家不如都买"我"好了，"你"可以退下了。

窄基指数：因为"我"是同一行业在一起，大家劲儿往一处使，有时候收益会更高。

窄基指数是宽基指数的补充，组合投资能获得更高的收益。

窄基指数

"我"手下有**行业**指数和**主题**指数两大类。

投资时需要考虑：
行业的前景（长期）和 周期（中短期）。

行业指数

指数成分股往往同属一个细分行业，受同一因素影响，

如：供需关系变化、
相关产业政策、
行业自身周期等。

个股之间高度相关，
常常同涨同跌，
加剧了指数波动。

如：
中证医疗（399989）
沪深300主要消费（000912）
中证环保产业50（930614）等

主题指数

按主题来跨行业、跨地域选择相关的公司。

包含多个行业的个股，
行业集中度较低，
成份股之间相关性弱。
波动没有行业指数大，
收益也可能较弱。

如：
"一带一路"（399991）
区块链50（399286）
科技龙头（931087）
5G通信（931079）
国企改革（399974）等

如看好某行业，建议选择集中度更高的行业指数。
如担心波动太大，可用定投来分散风险。

风险：
判断错误行业，很长一段时间无法回本。
波动太大，在谷底或半坡上拿不住，错过高收益。

行业的分类
由摩根士丹利和标普推出

每个一级行业都有对应的行业指数。
一级行业下，也有多个二级行业和子行业。

十个一级行业	
材料	金属、采矿、化学制品等
可选消费	汽车、零售、媒体、房地产等
必需消费	食品、烟草、家居等
能源	能源设备与服务、石油、天然气等
金融	银行、保险、券商等
医药	医疗保健、制药、生物科技等
工业	航空航天、运输、建筑产品等
信息	硬件、软件、信息技术等
电信	固定线路、无线通信、电信业务等
公共事业	电力、天然气、水等

每个行业都很重要，收益各有高低。

男怕入错行！女怕嫁错郎！
有些行业天生更容易赚钱。

我知道，白酒行业最赚钱！
我家还藏了好几箱茅台酒呢！

没错。过去5年，白酒指数疯狂上涨467%，
跑赢同期沪深300指数423个百分点，
战胜了全市场所有的股票型基金。

数据截至2020年12月31日

你看吧！虽然"我"没有"胖胖"稳，
但有的时候，"我"厉害着呢。

我还没说完：
收益率排名第2的空调，
排名第3的半导体材料，
都落后白酒行业100个百分点以上，
更别说还有三分之二的行业，
过去5年是负收益了。

数据截至2020年12月31日

咳咳咳……
我也还没说完：
……只要你懂得挑选！

在讲**怎么挑选**行业指数之前，咱们先来聊一聊**"三高"**。

这个我知道，我都有：高血压、高血脂、高血糖！

我还是"高学历、高薪、高龄"的"三高"女青年呢！

我们应选择"三高"的行业指数定投：

高波动 波动越大的指数，定投效果越好。
可以与沪深300指数的波动率比一比。

高成长 定投是中长期投资，
买的是优质公司的利润增长。
成长前景越好的行业，越值得定投。

高景气 很多行业受周期影响。
景气度越高的行业越好。

为什么波动越大，定投效果越好啊？
坐过山车，我会心慌慌，怕拿不住啊！

就像弹力球一样，
跌得越狠，积聚的能量就越大，
弹跳得也就越高。

秘方 **份数 = 金额 / 净值**

在定投过程中，
基金在低位可获得更多的份额，
反弹时，涨得也会更多。

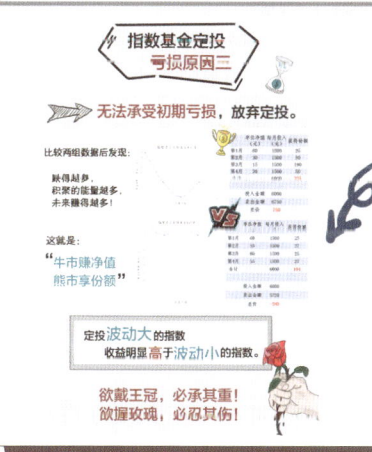

指数基金定投
亏损原因三

无法承受初期亏损，放弃定投。

比较两组数据后发现：
跌得越多，
积聚的能量越多，
未来赚得越多！

这就是：
"牛市赚净值
熊市享份额"

定投 波动大 的指数
收益明显 高于 波动小 的指数。

欲戴王冠，必承其重！
欲握玫瑰，必忍其伤！

这一页，
有不同波动率的收益测算。
有兴趣的读者，可以到时再详细看。

从哪里知道指数的波动率是高还是低呢?

官网上沪深300的指数单张:

波动率
1年年化 21.13%
3年年化 21.14%
5年年化 18.30%

可以去指数官网找一找,查一下指数的"指数单张"。

以沪深300的波动率为基准,比较同期的波动率。

几个常见宽基指数波动率比较:

创业板指数
中证500
沪深300
中证100

高
波动率低

既然波动越大，定投收益越好，那我就用全部身家定投宽基里，波动最大的创业板指数好啦！

A股市场经常出现这样的现象：

要么大盘蓝筹股票大涨，中小·成长股跌；
要么中小·成长股票大涨，大盘蓝筹股跌。
只有真正的牛市，才会大小·盘一起涨。

大盘蓝筹股　　中小成长股

因此，不同风格的指数也会走出不同的行情。

搭配着**购买不同风格的指数**，可以让**风险更分散，收益更稳定**。

这样，我们的心态会更好，有利于我们将定投一直坚持下去。

指数基金

哪些行业是"三高"行业,适合我们"小白"定投呢?

我推荐:

医疗/医药行业
必需消费行业
科技行业

环保行业也可以看看。

医疗/医药行业

医疗：侧重在医疗器械和服务方面。
医学：侧重在化学制药、中药及生物制品方面。

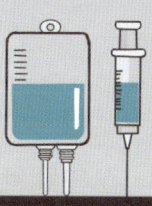

每个人都离不开生老病死啊！

此行业不仅有很高的**成长性**，还具有很高的**防御性**。

我国未来人口老龄化的趋势，
国家加大了对行业的投入，
生物医药人才回流等因素，
使得此行业具有长期投资的价值。

注意：**政策风险**

基于此行业的重要性，
几乎所有国家都会出台大量针对性的法律法规。
政策的变化，会直接影响行业的整体业绩。

高风险、高收益

该行业指数的集中度高，有较好的龙头效应。
因此，如头部医药股出问题，受到影响也较大。

中证全指医药指数（000991）

选股方法：
从中证全指样本股医药卫生行业内，选择流动性和市场代表性较好的股票构成指数样本股，以反映沪深两市医药卫生行业公司的整体表现。

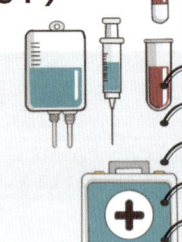

历史表现：

收益率

2017年	2018年	2019年	2020年
5.10%	-26.40%	34.31%	50.26%

投资意义：
这是目前最能反映医药全行业发展现状的指数。

对应的指数基金：
广发中证全指医药卫生ETF
代码：159938
或相关的联接基金

有269支股票，医药类指数最全。过于分散，收益不如其他几个医药类指数。不建议定投。

十大权重股

代码	名称	上市交易所	权重
600276	恒瑞医药	上海	6.97%
300760	迈瑞医疗	深圳	6.68%
603259	药明康德	上海	6.43%
300015	爱尔眼科	深圳	4.39%
300122	智飞生物	深圳	3.42%
600436	片仔癀	上海	3.10%
000661	长春高新	深圳	2.51%
300347	泰格医药	深圳	2.32%
300142	沃森生物	深圳	2.21%
600763	通策医疗	上海	2.11%

基本面

滚动市盈率	41.1
市净率	5.88
股息率	0.58%

市值(亿元)

个股总市值最大	5836
个股总市值最小	27
个股总市值平均	304

波动率

1年年化	26.58%
3年年化	25.52%
5年年化	22.14%

数据截至2021年6月30日　出自中证指数公司官网

中证医疗指数（399989）

选股方法：
从沪深A股医药卫生行业的上市公司中，选取业务涉及医疗器械、医疗服务、医疗信息化等医疗主题的上市公司股票作为样本股。选市值最大的50家。

历史表现：

收益率

2017年	2018年	2019年	2020年
-13.52%	-11.79%	48.67%	79.67%

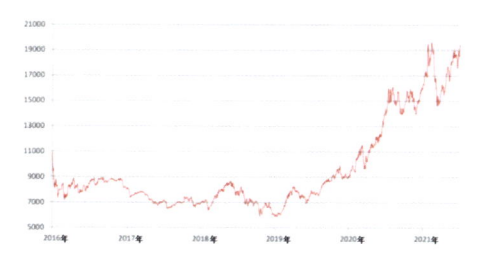

> 受疫情影响，医疗板块涨势喜人。但也意味着：短期有回调压力。

投资意义：
这是目前最能反映医疗器械、医疗服务业发展现状的指数。

对应的指数基金：

华宝中证医疗ETF
代码：512170

国泰中证医疗交易型开放式指数ETF
代码：159828

长期成长性高，**可定投**。短期要注意止盈。

十大权重股

代码	名称	上市交易所	权重
300015	爱尔眼科	深圳	10.42%
603259	药明康德	上海	10.26%
300760	迈瑞医疗	深圳	9.52%
300347	泰格医药	深圳	5.51%
600763	通策医疗	上海	5.01%
300759	康龙化成	深圳	4.26%
300595	欧普康视	深圳	3.93%
300896	爱美客	深圳	3.81%
603882	金域医学	上海	3.30%
300003	乐普医疗	深圳	3.02%

基本面

滚动市盈率	48.73
市净率	11.69
股息率	0.40%

市值(亿元)

个股总市值最大	5836
个股总市值最小	92
个股总市值平均	700

波动率

1年年化	31.52%
3年年化	29.52%
5年年化	26.11%

数据截至2021年6月30日　出自中证指数公司官网

中证生物科技主题指数（930743）

选股方法：
选取涉及基因诊断、生物制药、血液制品及其他人体生物科技的上市公司作为成分股，采用自由流通市值加权方式，并对单个样本股设置10%的权重上限，以反映生物科技类上市公司整体表现。

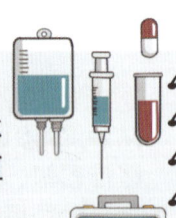

历史表现：

收益率

2017年	2018年	2019年	2020年
13.11%	-26.23%	53.23%	84.42%

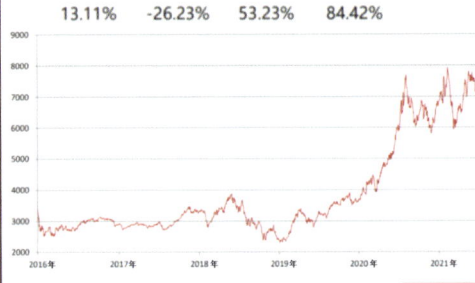

> 近3~5年的收益在同类指数中均处于领先。

对应的指数基金：
易方达中证生物科技主题ETF
代码：159837

汇添富中证生物科技指数A/C
代码：501009 / 501010

长期值得投资，可定投。短期可能回调。

十大权重股

代码	名称	上市交易所	权重
603259	药明康德	上海	10.80%
300760	迈瑞医疗	深圳	10.02%
600276	恒瑞医药	上海	10.00%
300122	智飞生物	深圳	9.06%
000661	长春高新	深圳	6.65%
300347	泰格医药	深圳	6.15%
300142	沃森生物	深圳	5.86%
600196	复星医药	上海	5.28%
300601	康泰生物	深圳	3.72%
300759	康龙化成	深圳	3.48%

> 46支样本股，前十大占比高达71%，集中度较高。

基本面

滚动市盈率	55.55
市净率	10.56
股息率	0.35%

市值（亿元）

个股总市值最大	5836
个股总市值最小	44
个股总市值平均	761

> 偏大中市值，成长风格下，弹性更好。

波动率

1年年化	33.45%
3年年化	30.63%
5年年化	26.52%

> 波动较高

数据截至2021年6月30日　出自中证指数公司官网

中证创新药产业指数（931152）

选股方法：

选取主营业务涉及创新药研发的上市公司作为待选样本，按市值排序选取不超过50家最具代表性的公司作为样本股。这是目前最能反映创新药发展现状的指数。

历史表现：

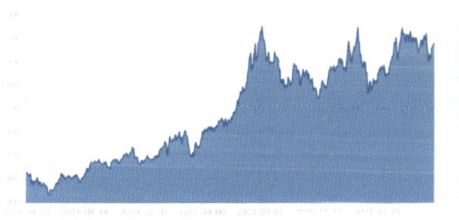

创新药研发：
投入大，时间长，成功概率相对较小。投资不确定性很大。

这些特性，注定了这是一个高波动、高弹性的行业。分散持股的指数基金虽可以大幅降低行业投资的风险，但最好要以定投方式买入。

指数设立时间较短，且估值已经较高，**不建议保守的小伙伴定投**。

代码	简称	权重
603259	药明康德	11.57
300122	智飞生物	9.20
600276	恒瑞医药	8.99
300142	沃森生物	7.13
000661	长春高新	6.63
300347	泰格医药	5.67
600196	复星医药	5.49
300601	康泰生物	3.74
300759	康龙化成	3.25
002821	凯莱英	3.18

前十大权重股，占比高达近65%，个个都是医药行业的排头兵。

对应的指数基金：

银华中证创新药产业ETF
基金成立日：2020年3月20日
代码：159992
规模：39.01亿元

广发中证创新药产业ETF
基金成立日：2020年12月3日
代码：515120
规模：12.82亿元

数据截至2021年6月30日 出自中证指数公司官网

必需消费行业

卖那些维持我们日常生活所需的各种消费品

需求最稳定

这个行业，我最清楚了。不管经济形势好，还是坏，吃喝拉撒都还是要的。

必需： 食品饮料、农林牧渔等。
非必需： 家用电器、汽车、传媒等。

对我来说，
家电和汽车就是必需品啊！

土豪，别闹！

中国正处于消费升级阶段，
非必需（可选）消费行业也大有可为！

我很喜欢这个行业。
看我的成名作：
可口可乐、喜诗糖果、
吉列剃须刀、亨氏食品……

必需消费行业
有时也叫：
日常消费行业
主要消费行业

随着居民生活的改善，
我国人均消费金额也在快速提升。
但从投资的角度，必需消费更为优胜。

必需消费（主要消费） VS 可选消费（非必需消费）

原因一：必需的需求更稳定

我们可以十年不换空调，
用共享单车代替汽车，
但我们每天必须吃饭、喝水。

如果经济形势不好，
我会更精打细算，
非必需的开支先等等，
或者改用更便宜的产品。

可选消费会随着经济形势波动，
比必需消费表现出更强的**周期性**。

原因二：可选消费会经常升级换代

80年代，我们结婚要三大件：手表、自行车、缝纫机。
90年代，三大件变成了彩电、冰箱、洗衣机。
现在：房子、车子、票子！
但我们还用差不多的油盐酱醋、
抽差不多的香烟，喝差不多的酒。

很多好的可选消费企业死于
技术更新或**消费升级换代**。
如柯达、诺基亚……

我喜欢的白酒在哪个行业指数啊？

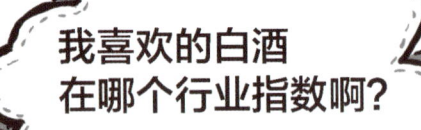

中证有单独的白酒指数（399997），内含16支白酒股，如泸州老窖、山西汾酒、贵州茅台等。

这些年，白酒指数的确走势惊人，但涨得越高，风险越大。

白酒指数历史走势

收益率

2017年	2018年	2019年	2020年
77.29%	-26.94%	91.99%	119.76%

详见后页

后页，我们会提到被骂上热搜的 诺X成长混合 基金：

配置过于集中，涨得狠，跌得也凶！

白酒属于主要消费行业。
中证主要消费指数（000932）
中的成份股与中证白酒指数多有重叠。

如果我们看好白酒行业，可购买主要消费指数，既能享受到白酒行业的红利，又能适当分散风险。

中证主要消费指数（000932）

选股方法：

从中证800指数中选出主要消费行业的公司，内含54支股票，每半年调整一次。

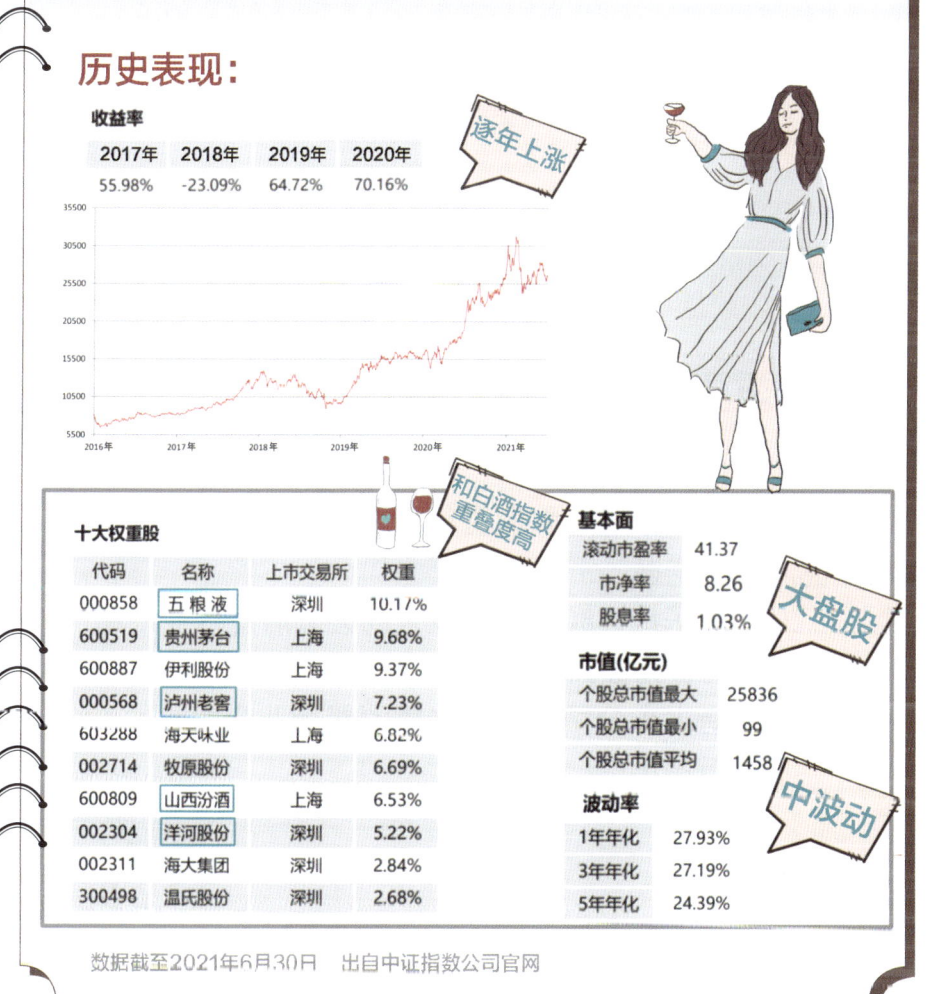

历史表现：

收益率

2017年	2018年	2019年	2020年
55.98%	-23.09%	64.72%	70.16%

逐年上涨

和白酒指数重叠度高

十大权重股

代码	名称	上市交易所	权重
000858	五粮液	深圳	10.17%
600519	贵州茅台	上海	9.68%
600887	伊利股份	上海	9.37%
000568	泸州老窖	深圳	7.23%
603288	海天味业	上海	6.82%
002714	牧原股份	深圳	6.69%
600809	山西汾酒	上海	6.53%
002304	洋河股份	深圳	5.22%
002311	海大集团	深圳	2.84%
300498	温氏股份	深圳	2.68%

基本面

滚动市盈率	41.37
市净率	8.26
股息率	1.03%

大盘股

市值(亿元)

个股总市值最大	25836
个股总市值最小	99
个股总市值平均	1458

波动率

1年年化	27.93%
3年年化	27.19%
5年年化	24.39%

中波动

数据截至2021年6月30日　出自中证指数公司官网

部分相关的指数基金产品：

基金代码	基金名称	基金成立日	资产净值（亿元）
000248	汇添富中证主要消费ETF联接	2015/3/24	46.99
159928	汇添富中证主要消费ETF	2013/8/23	76.87
512600	嘉实中证主要消费ETF	2014/6/13	2.04

数据截至2021年6月30日　出自中证指数公司官网

其他重要的主要消费指数：

上证消费指数（000036）：
从上交所挑选必需消费行业公司。

上证消费80指数（000069）：
从上交所挑选80家规模最大的必需消费行业公司。

中证全指消费指数（000990）：
从所有上市公司中挑选必需消费行业公司，覆盖范围最广。

科技行业指数
科技是新的生产力

年少不知白酒香,
错把科技加满仓!

科技公司:
投入大、风险高、投资周期长。
但是科技行业也是最容易
出现大牛股的行业之一。

运气好,挑到大牛股;
运气背,挑到大雷股。

对"小白"来说,
最好的投资方式是
定投科技行业指数!

中证科技龙头指数（931087）

选股方法：
由沪深两市中电子、计算机、通信、生物科技等科技领域中规模大、市占率高、成长能力强、研发投入高的50支龙头公司股票组成，以反映沪深两市科技领域内龙头公司股票的整体表现。每半年调整一次。

科技指数中涵盖范围较宽

历史表现：

收益率

2017年	2018年	2019年	2020年
25.62%	-36.94%	68.49%	43.84%

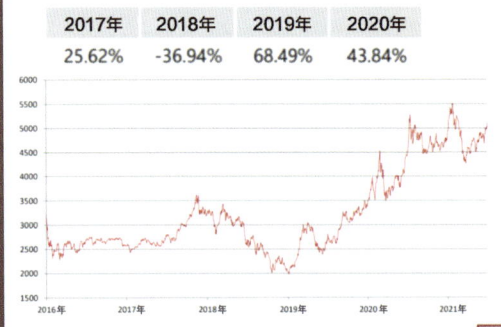

对应的指数基金：
华宝中证科技龙头ETF
代码：515000
以及对应的联接基金

工银瑞信中证科技龙头ETF
代码：516050

长期成长性高，可定投。

十大权重股

代码	名称	行业	权重
002415	海康威视	信息技术	10.03%
600276	恒瑞医药	医药卫生	9.32%
000725	京东方A	信息技术	7.75%
603501	韦尔股份	信息技术	6.15%
300782	卓胜微	信息技术	4.60%
002230	科大讯飞	信息技术	4.41%
000100	TCL科技	信息技术	3.94%
000063	中兴通讯	电信业务	3.76%
002241	歌尔股份	信息技术	3.75%
603986	兆易创新	信息技术	3.66%

基本面

滚动市盈率	46.23
市净率	6.13
股息率	0.58%

市值（亿元）

个股总市值最大	6027
个股总市值最小	125
个股总市值平均	899

波动率

1年年化	25.79%
3年年化	29.67%
5年年化	26.62%

也是高波动高弹性指数

数据截至2021年6月30日　出自中证指数公司官网

中证沪港深科技龙头指数（931524）

选股方法：
从沪港深三地市场，选取50支市值较大、市占率较高、研发投入较多的科技领域龙头上市公司。每半年调整一次。

历史表现：

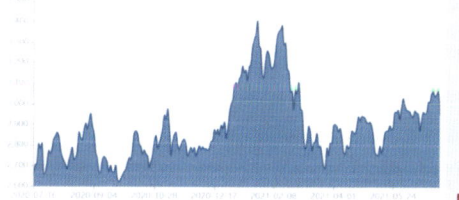

优点：
涵盖了三地市场，尤其是很多优秀的科技公司只在港股市场上市。

各行业权重相对均衡，没有单一行业独大的情况。

建议定投。

十大权重股：

代码	简称	行业	权重
3690	美团-W	可选消费	10.28
700	腾讯控股	信息技术	9.71
1810	小米集团-W	电信业务	8.22
600276	恒瑞医药	医药卫生	5.62
002415	海康威视	信息技术	5.54
603259	药明康德	医药卫生	5.30
300760	迈瑞医疗	医药卫生	5.14
002475	立讯精密	信息技术	4.06
000725	京东方A	信息技术	3.89
603501	韦尔股份	信息技术	3.12

行业权重分布：
- 可选消费
- 医药卫生
- 金融地产
- 信息技术
- 电信业务

相关指数基金
广发中证沪港深科技龙头ETF
代码：517350
基金成立日：2021年5月20日
基金规模：3.17亿元

数据截至2021年6月30日　出自中证指数公司官网

环保行业指数

环保行业，也是一个**政策驱动**的行业。

早年，国内企业过于追求经济效益，忽视了环境问题。
随着人们生活水平的提高，对环保也越来越重视。
如今，<u>国家下决心要大力发展环保行业</u>。

与发达国家相比，
<u>我国环保投资占GDP的比重还太低。
未来还有非常大的发展空间</u>。

缺点：

环保企业经常面临融资困难、现金流和
回款较差，过度依赖政府补贴等问题，
因此，长期不受投资人重视。

转机：

2020年11月27日，中证环保产业指数
加权方式由等权重改为市值加权。
修订后，更聚焦于锂电和光伏产业链。
<u>龙头效应更加凸显，投资价值大幅提升</u>。

中证环保产业指数（000827）

选股方法：

从中证全指指数中，选取业务涉及环保产业的公司，按市值排名，选取100支股票。每半年调整一次。

历史表现：

收益率

2017年	2018年	2019年	2020年
-1.04%	-38.99%	19.61%	53.72%

近年环保越来越受重视

关注低碳时代的新能源机遇。

十大权重股（等权重已改为市值加权法）

代码	名称	行业	上市交易所	权重
601012	隆基股份	工业	上海	11.43%
300750	宁德时代	工业	深圳	11.31%
600900	长江电力	公用事业	上海	8.79%
002812	恩捷股份	原材料	深圳	4.67%
300014	亿纬锂能	工业	深圳	4.41%
300274	阳光电源	工业	深圳	4.39%
600438	通威股份	工业	上海	4.37%
002129	中环股份	工业	深圳	3.07%
002709	天赐材料	原材料	深圳	2.28%
300450	先导智能	工业	深圳	2.11%

基本面

滚动市盈率 38.67
市净率 4.23
股息率 0.67%

市值(亿元)

个股总市值最大 12458
个股总市值最小 53
个股总市值平均 578

波动率

1年年化 30.07%
3年年化 26.86%
5年年化 23.34%

数据截至2021年6月30日　　出自中证指数公司官网

部分相关的指数基金产品：

基金代码	基金名称	基金成立日	资产净值（亿元）
001064	广发中证环保ETF联接基金A	2015/3/25	11.65
163114	申万菱信中证环保指数(LOF)A	2014/5/30	3.01
512580	广发中证环保产业ETF	2017/1/25	16.51

数据截至2021年6月30日　出自中证指数公司官网

环保行业未来可期，
但与光伏和新能源车行业重叠较多。
如同时定投环保、光伏和新能源车行业，
需要注意持仓过于集中的风险。

养老行业
具备医药和消费双属性

我国正步入老龄化社会，政策对养老产业有扶持。养老产业仍处于发展的初级阶段，也是一条长长的赛道。

中证养老产业指数（399812）

这是<u>等权重指数</u>。

即各成分股的权重差不多。

该指数从2004年底的1000点开始，截至2021年2月22日，已到了10011.46点，近5年年化收益为4.26%，算上分红，收益也算不错，定投的收益会更高。

养老行业不是一个标准的行业划分，而是一个多行业混合的产业：包括医疗保健、信息技术、主要消费、可选消费、保险公司等，覆盖面较广。

云南白药 万达电影 中国平安 三只松鼠 锦江酒店 奇虎360 永辉超市

养老产业

大杂烩

可选消费	24.4%
主要消费	15.9%
医疗保健	39.4%
金融地产	8.8%
信息技术	11.4%

数据截至2021年3月31日　出自中证指数公司官网

中证养老产业指数（399812）

选股方法：
先挑选各个相关行业的龙头公司，再按市值来挑选，选出前80支。涉及酒店旅游、文化传媒、医药卫生、人寿保险等多个行业。

历史表现：

收益率

2017年	2018年	2019年	2020年
8.47%	-28.33%	23.19%	24.27%

（呈周期性）

缺点：
等权重指数基金的通病：
流动性较差，买卖不及时，追踪效果就会受影响。
该类基金的规模也都比较小。
不建议定投。

相关指数基金：
广发养老指数A
代码：000968
基金成立日：2015年2月13日
基金规模：9.45亿元

十大权重股

代码	名称	行业	上市交易所	权重
300896	爱美客	医药卫生	深圳	1.60%
688363	华熙生物	医药卫生	上海	1.56%
600763	通策医疗	医药卫生	上海	1.45%
600196	复星医药	医药卫生	上海	1.44%
603605	珀莱雅	主要消费	上海	1.44%
300015	爱尔眼科	医药卫生	深圳	1.44%
300741	华宝股份	主要消费	深圳	1.43%
002624	完美世界	信息技术	深圳	1.43%
603882	金域医学	医药卫生	上海	1.42%
603345	安井食品	主要消费	上海	1.42%

（等权重）

基本面
滚动市盈率　26.29
市净率　4.19
股息率　1.16%

市值(亿元)
个股总市值最大　7057
个股总市值最小　122
个股总市值平均　1063

（中小盘股）

波动率
1年年化　21.70%
3年年化　22.73%
5年年化　19.85%

（波动与宽基相似）

数据截至2021年6月30日　出自中证指数公司官网

什么是等权重指数？

> 这是指数加权的一种方法。

中国内地市场上的大多数指数用的都是**市值加权**法。

> 之前提到的指数也都是市值加权的哦！

成份股的股价越高，市值越高，该股在指数中的权重就越高。

优点：
- 此类指数的基金最多，因此，流动性好，费用可以拉低。
- 计算方法简单，容易复制，追踪误差相对较小。

缺点：
- 个股股价高，权重就高，让我们花钱买进了更多价值被高估的股票，卖出更多价值被低估的股票，使得投资效率不佳。
- 个股权重过高，使得股票组合过于集中，加大了指数风险。

> 例如：
> 沪深300等权重指数
> 中证等权重90指数

等权重加权法： 给每支成份股相同的权重。

与其他加权法相比，
减少了高市值股票的权重，增加了低市值股票的权重。
通过定期调整机制，对成份股进行高抛低吸。

小盘股优胜期间，等权重指数业绩较好。

除了 市值加权 和 等权重加权法，
常见的指数加权法还有：

> 如：
> 基本面50指数、
> 基本面60指数、
> 基本面120指数

基本面加权法：

使用公司的基本面因素来决定权重，
而不是靠市值。

基本面因素：来自对财务报表的分析。
如：营业收入、现金流、净资产、分红等指标。

优点：重视企业价值，
优选财务出色可靠的公司。
与对应的市值加权指数相比，
收益更高，波动更小，
尤其是在熊市相对收益更好。

> 咱都是妥妥的
> 白马股！

> 如：
> 中证500波动、
> 标普A股低波红利指数

波动率加权法：

以历史波动率来决定权重，
加大低波动率股票的权重，
减少高波动率股票的权重。

逻辑：
热门股，受追捧，市场过度乐观，易暴涨暴跌。
有些不太好的公司喜欢玩财技、收购、除权、搞事情，股价波动太大。
一些好公司，投资人喜欢长期持有，跌时买，涨时不卖。
一些成熟的价值股，盈利稳定，股价不会频繁波动。
一些公司陷入低谷，关注度低，市场过于悲观，造成波动率太低。

缺点：低波动公司未必是好公司；跌得少、涨得也少。
熊市仅是防守强，一般不会有逆向表现。
适合与其他策略搭配使用。

红利加权法：

按股息率来决定权重。
股票的股息率越高，权重越大。

有的股票市值规模虽然小，但因为股息率高，反而能在这类指数中占比更高。

优点：

波动较低，
高股息率在熊市更有优势，
能产生分红现金流。

研究表明：
长期持有的平均收益：
高分红股票 > 低分红股票。

缺点：

一些公司短期盈利大增，
加大比例分红，
被选入红利指数，
却无长期持续分红的能力。

一些公司受周期影响，
盈利回落，分红跟不上，
被踢出红利指数，
但公司长期来看依旧优质。

红利指数适合**长期持有**，
在赚取企业盈利增长的同时，
享受**复利的滚动效应**。

财富雪球

至于有什么红利指数推荐？可回看：

书接上回

基本面指数也考虑分红,
熊市也比较扛跌,
还考虑其他三个因素,
是不是比分红指数更好些?

在基本面指数中,分红只是其中一个要素,
如果企业不分红,但其他几个因素好,也能入选。
因此,基本面指数收到的分红就会比分红指数少。
高分红的指数,在熊市的扛跌能力更强。

为什么高分红指数更扛跌?

很多长期投资者喜欢分红类股票,
他们长期持有,较少因为波动卖出,
卖出少,就会更稳健。
熊市时,将分红再投入,也能托一托股价。

基本面指数也有它的优势,
也适合长期持有。
数据显示,基本面指数的长期收益
一般都高于普通市值加权指数。

还有其他行业呢?
比如最赚钱的银行、证券公司。

还有芯片、新能源车、光伏这些呢?

我喜欢军工企业……

银行业
周期性受宏观经济的影响较大

银行被称作**百业之母**，地位特殊。
因为无论哪个行业发展，都需要钱，
而银行贷款就是企业资金的主要来源。

不光是企业，我们个人买房
还不都要靠银行贷款啊！

这银行好不好，就看**两个收入、两个费用**：

利息收入 银行贷款给企业，收到的利息。

非利息收入 银行作为中间商或渠道，收到的手续费、管理费等。

利息费用 银行支付给储户的利息。

风险准备金 银行贷出去的款，收不回来了，必须从自己的小金库中拿钱弥补，还给储户。这部分用来弥补亏空的钱，必须提前准备好。这就是"风险准备金"。

近几年，各家银行不再齐头并进，出现了明显的**分化**。
尤其是在**风险管理**方面，差异较大。
从而影响了长期的增长能力。

经济好的时候，大多数银行都赚钱。
经济差的时候，风控能力强的银行坏账少，利润波动小，需要计提的风险准备金也少。
几轮周期后，就会拉出较大的差距了。

最传统的做法

巴菲特：我喜欢**专注于利差收益**的银行：
把支付给储户的成本降到最低。
严格筛选贷款客户，减少坏账风险。
把业务扩散至全球各地，分散风险。
努力降低风险准备金。
所以，我选择长期持有富国银行。 

彼得·林奇：我喜欢**地区性银行**，
它们的业务集中在一个地区，
通常与当地政府、当地企业关系密切，
能获得很多稳定的业务。 
也因此，此类银行与当地经济的发展、当地居民的金融习惯密切相关。
如果当地经济繁荣、居民爱储蓄，
那么该银行的资产质量会较佳，
风险准备金也会较少，如北京银行。

一些新兴银行通过业务创新，如互联网银行或资产证券化的银行。
致力于提高非利息收入，也获得了很好的成绩。

> 看我这形象，应该就能猜到：
> 我喜欢银行股。可是，
> 有这么多银行呢，我不会选啊！

银行类指数有两种购买方式：

1 投资宽基指数中，银行股占比较高的指数基金

如上证50指数、H股指数、基本面50指数等。

买重叠度高的宽基指数，
既能持有喜欢的银行股，
又能分散部分风险。

换句话说：买了这类指数，
就不要重复再买银行的行业指数啦！

艾玛推荐

2 投资中证银行指数基金（399986）

数据截至2021年6月30日 出自中证指数公司官网

呈周期性

收益率

2017年	2018年	2019年	2020年
14.37%	-14.69%	22.65%	-4.23%

波动率

1年年化	21.72%
3年年化	19.88%
5年年化	17.93%

市值(亿元)

个股总市值最大	13939
个股总市值最小	79
个股总市值平均	2067

基本面

滚动市盈率	6.44
市净率	0.63
股息率	4.45%

估值较低
股息较好

十大权重股

代码	名称	权重
600036	招商银行	14.98%
601166	兴业银行	12.11%
000001	平安银行	8.89%
601398	工商银行	7.34%
002142	宁波银行	5.69%
601328	交通银行	5.45%
600000	浦发银行	4.76%
600016	民生银行	3.80%
601288	农业银行	3.53%
600919	江苏银行	3.40%

周期之王

证券行业
不适合买入后长期持有

证券行业主要收入来源：**交易费用**

因此<u>受市场行情影响</u>很大。

> 牛市：无论是新开户还是资金量都会比平时有大幅提升。

在牛市上半段，
券商股都是备受瞩目的明星，涨势惊人。
牛市过后，跌幅也很明显。
<u>如能顺应周期，就会有非常好的收益。</u>

优势：相比银行业和保险业，
资产的风险不大。

缺点：激烈的竞争不断地压缩着
券商的主要收入——佣金。
尤其是互联网金融的兴起，
未来，<u>**超低佣金**</u>将成为主流。

大多数券商提供的服务 **同质化严重**，
导致券商行业的基本面和股价的走势高度趋同。

因此，如果想要投资证券行业，
<u>可投资证券行业的指数基金，无须购买个股</u>，
也就不用承担个股风险，
还能享受到该行业的强周期性。

中证全指证券公司指数（399975）

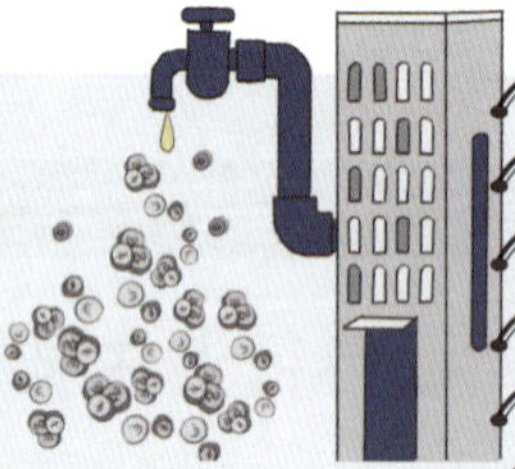

选股方法：

从中证全指指数中挑出证券公司，如果数量少于或等于50支，则全部选入。

如多于50支，则分别按日均成交额、日均总市值，由高到低排名，剔除成交金额排名后10%，以及累积总市值占比达到98%以后的股票，并且保持剔除后股票数量不少于50支，把剩余股票纳入。每半年调整一次。

历史表现：

周期性强

收益率

2017年	2018年	2019年	2020年
-12.35%	-26.22%	44.50%	16.55%

十大权重股

代码	名称	上市交易所	权重
300059	东方财富	深圳	15.91%
600030	中信证券	上海	12.66%
600837	海通证券	上海	6.62%
601688	华泰证券	上海	4.85%
601211	国泰君安	上海	4.61%
600999	招商证券	上海	4.21%
601377	兴业证券	上海	3.08%
000776	广发证券	深圳	2.67%
000166	申万宏源	深圳	2.51%
600958	东方证券	上海	2.49%

基本面

滚动市盈率	21.1
市净率	1.74
股息率	1.14%

估值不高

市值(亿元)

个股总市值最大	3389
个股总市值最小	89
个股总市值平均	640

大盘股

波动率

1年年化	32.50%
3年年化	33.40%
5年年化	28.92%

高波动

数据截至2021年6月30日 出自中证指数公司官网

部分相关的指数基金产品：

基金代码	基金名称	基金成立日	资产净值(亿元)
004069	南方全指证券联接A	2017/3/8	14.22
004070	南方全指证券联接C	2017/3/8	51.85
006098	华宝券商ETF联接A	2018/6/27	9.85
007531	华宝券商ETF联接C	2018/6/27	32.04
008591	天弘中证全指证券公司指数C	2019/12/20	12.87
160516	博时中证全指证券公司指数	2015/5/19	2.91
501047	汇添富中证全指证券公司指数(LOF)A	2017/12/4	6.41
501048	汇添富中证全指证券公司指数(LOF)C	2017/12/4	10.22
512000	华宝中证全指证券公司ETF	2016/8/30	243.85
512880	国泰中证全指证券公司ETF	2016/7/26	348.34
512900	南方中证全指证券公司ETF	2017/3/10	65.96
515010	华夏中证全指证券公司ETF	2019/9/17	7.34
515560	建信中证全指证券公司ETF	2020/6/29	11.23

数据截至2021年6月30日 出自中证指数公司官网

券商行业有**顺风浪、逆风躺**的强周期性，不是很好的定投选择，更适合做波段投资。

靠佣金吃饭的传统盈利模式正在萎缩，行业处于变革期，估值不稳定。除非行业找到新的盈利方向，不建议投资。

中证方正富邦
保险主题指数 (399809)

选股方法：
从保险、互联网保险业务或参股保险公司的上市公司中，选择20家公司，以反映保险类相关上市公司的整体表现。每半年调整一次。

历史表现：

收益率

2017年	2018年	2019年	2020年
51.46%	-26.81%	34.46%	1.37%

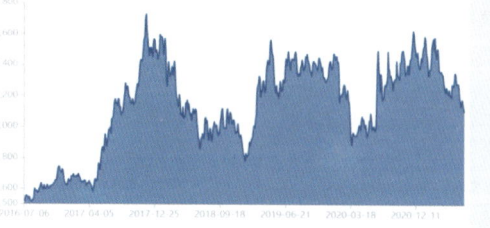

> 喜欢保险的小伙伴，等低估值时，可以定投。

投资意义：

短期：估值较低，股息率较高，继续下行压力不大。

长期来看，人口结构变化带来健康+养老需求的蓬勃增长，相信未来险企的改革必将逐步开花结果。

看好率先转型、综合优势突出的公司，而这些公司将大概率地出现在指数中。

十大权重股

代码	简称	行业	权重
601318	中国平安	金融地产	29.14
601601	中国太保	金融地产	21.76
601628	中国人寿	金融地产	12.23
600000	浦发银行	金融地产	8.64
601336	新华保险	金融地产	8.50
601857	中国石油	能源	3.76
601319	中国人保	金融地产	3.19
002624	完美世界	信息技术	1.91
600079	人福医药	医药卫生	1.84
601800	中国交建	工业	1.67

数据截至2021年6月30日 出自中证指数公司官网

相关指数基金：
方正富邦保险主题基金
代码：167301
基金成立日：2015年7月31日
基金规模：14.37亿元

应急备用金

新能源汽车

近期涨幅太快，长期仍是好赛道

传统能源： 石油、煤炭、天然气等。
会造成环境污染，且不可再生，总有一天会用尽。

新能源： 光伏、风电、核电、潮汐、地热等，污染小，可再生。

指数基金投资中，我们主要关注两个子行业：
新能源汽车 和 **光伏**

新能源汽车： 以电力或氢能驱动的车，清洁环保，零排放。

国策支持

目标：2025年，新能源汽车的新车销售量达到汽车新车销售总量的20%左右。
现状：2020年，占比仅5.4%，未来几年有3倍以上的增长空间。
长期：新能源汽车替代油车是大势所趋。

中证新能源汽车指数（399976）

选股方法：

从沪深市场中选取涉及锂电池、充电桩、新能源整车等业务的上市公司股票作为指数样本，以反映新能源汽车相关上市公司证券的整体表现。

历史表现：

近两年涨幅过快，近期有回调风险。

收益率

2017年	2018年	2019年	2020年
4.30%	-38.16%	45.51%	101.83%

行业权重分布

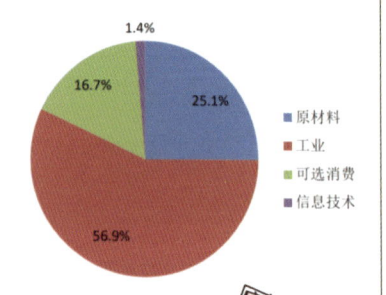

- 原材料 25.1%
- 工业 56.9%
- 可选消费 16.7%
- 信息技术 1.4%

十大权重股

代码	名称	行业	权重
002594	比亚迪	可选消费	11.45%
300750	宁德时代	工业	11.40%
002812	恩捷股份	原材料	7.93%
300014	亿纬锂能	工业	7.48%
300124	汇川技术	工业	7.30%
002460	赣锋锂业	原材料	6.19%
002709	天赐材料	原材料	3.87%
300450	先导智能	工业	3.59%
002340	格林美	工业	2.84%
002074	国轩高科	工业	2.84%

数据截至2021年6月30日　出自中证指数公司官网

基本面

滚动市盈率	109.11
市净率	10.12
股息率	0.27%

市值(亿元)

个股总市值最大	12458
个股总市值最小	20
个股总市值平均	912

估值过高 注意风险

波动率

1年年化	37.35%
3年年化	33.15%
5年年化	29.46%

波动较大

部分相关的指数基金产品：

基金代码	基金名称	基金成立日	资产净值（亿元）
009067	国泰中证新能源汽车ETF联接A	2020/4/3	2.82
009068	国泰中证新能源汽车ETF联接C	2020/4/3	3.28
010805	东财新能源车A	2020/12/16	2.29
011513	天弘中证新能源汽车指数C	2021/4/9	2.26
159806	国泰中证新能源汽车ETF	2020/3/10	16.28
159824	博时新能源汽车ETF	2020/12/10	4.06
161028	富国中证新能源汽车指数A	2015/3/30	89.19
515030	华夏中证新能源汽车ETF	2020/2/20	71.55
516660	华安中证新能源汽车ETF	2021/2/3	2.56

属于三高行业，
短期有回调压力，但仍看好中长期。
值得长期定投。

数据截至2021年6月30日 出自中证指数公司官网

光伏行业
市场巨大、竞争剧烈

经历了20多年的大起大落，光伏企业被多番洗牌。"剩"者为王，上下游产业链的集中度大幅提高，光伏行业已逐渐走向成熟：

中国光伏，照亮全球

中国光伏已占据了三项"世界第一"：
- 规模、产能世界第一。
- 发电装机量世界第一。
- 每年新增装机容量连续5年世界第一。

上有政策加持

在"碳中和"国策中，光伏是其中的重要一环。

中有技术支撑

十年的技术进步，让光伏发电成为各类电源中成本最低的电源之一。因此，必将成为替代传统能源最有竞争力的新能源类型。

下有市场需求

2019年，全球光伏发电仅占全部发电比例的3%，未来30年，将拥有十倍乃至几十倍的市场增长空间。

我最便宜！

中证光伏产业指数（931151）

选股方法：

将主营业务涉及光伏产业链上、中、下游的上市公司股票作为待选样本，选取不超过50家最具代表性公司作为样本股，反映光伏产业公司的整体表现。

历史表现：

高波动 高收益 高成长

收益率

2017年	2018年	2019年	2020年
7.96%	-36.96%	24.08%	110.94%

投资意义：

权重集中在大市值龙头股，强者越强，买了指数，就能一键布局光伏板块大牛股。

指数还涉及丝绸之路、中非合作等，与光伏产业出口相关的概念。

重仓硅料、硅片、电池片等行业巨头。

估值较高，但高成长性或能迅速消化高估值。

十大权重股

代码	名称	上市交易所	权重
300274	阳光电源	深圳	11.45%
601012	隆基股份	上海	10.93%
600438	通威股份	上海	10.19%
002129	中环股份	深圳	8.74%
300450	先导智能	深圳	6.02%
600089	特变电工	上海	5.09%
603806	福斯特	上海	4.14%
601877	正泰电器	上海	3.83%
300316	晶盛机电	深圳	3.46%
300724	捷佳伟创	深圳	2.58%

基本面

滚动市盈率	39.05
市净率	4.89
股息率	0.48%

市值（亿元）

个股总市值最大	4809
个股总市值最小	42
个股总市值平均	423

大市值龙头

波动率

1年年化	36.71%
3年年化	31.12%
5年年化	27.13%

波动高于主要宽基指数

数据截至2021年6月30日 出自中证指数公司官网

部分相关的指数基金产品：

基金代码	基金名称	基金成立日	资产净值（亿元）
011102	天弘中证光伏A	2021/1/28	2.88
011103	天弘中证光伏C	2021/1/28	8.52
159857	天弘中证光伏产业ETF	2021/2/4	4.21
159863	鹏华中证光伏产业ETF	2021/2/22	4.57
515790	华泰柏瑞中证光伏产业ETF	2020/12/7	98.31
516180	平安中证光伏产业ETF	2021/2/9	3.01
516880	银华中证光伏产业ETF	2021/1/5	27.1

数据截至2021年6月30日　　出自中证指数公司官网

光伏行业：
长期来看，光伏是一条长景气的黄金赛道。
龙头公司盈利较好，行业内分化较大，买指数就是买龙头。

属于三高行业，中期成长空间广阔，适合定投。
当前估值较高，不适合大仓位一次性买入。

芯片行业
芯片国产化势在必行

政策支持　需求强劲　技术成长性

芯片行业的成长确定性很高。

国家政策支持　在科技兴国的国家战略下，半导体芯片的国产替代是核心。中国芯片只有走向高端，才不会受制于人。

市场需求强劲　中国芯片的需求量占全球的一半以上，但国产芯片很少。5G时代到来，各行各业转型升级，都需要芯片。供需缺口巨大。国产化的成长空间非常广阔。

技术成长空间大　中国芯片产业链相关环节发展不平衡，少数领域开始进入全球前列，但整体上还有不小的努力空间。

芯片研发投入大、周期长，头部企业较有优势。购买龙头公司较集中的指数，收益较高。

国证芯片指数（980017）

选股方法：

在芯片产业股票中，剔除成交额后20%的股票，选取总市值排名前30名。每半年调整一次。

历史表现：

高波动 高收益 高成长

波动高于主要宽基指数

年化收益率

1年	3年	5年
27.41%	53.83%	23.15%

年化波动率

1年	3年	5年
37.10%	38.90%	34.91%

十大权重股：

代码	简称	市场	权重
300782	卓胜微	深交所创业板	9.67%
603501	韦尔股份	上交所	9.45%
603986	兆易创新	上交所	8.80%
002129	中环股份	深交所主板	7.60%
600703	三安光电	上交所	6.92%
002049	紫光国微	深交所主板	6.09%
002371	北方华创	深交所主板	5.73%
600745	闻泰科技	上交所	5.62%
600460	士兰微	上交所	4.27%
600584	长电科技	上交所	3.87%

数据截至2021年6月30日　出自中证指数公司官网

行业分布：

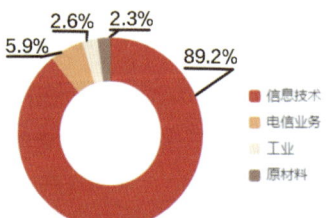

- 信息技术 89.2%
- 电信业务 5.9%
- 工业 2.6%
- 原材料 2.3%

市场分布：

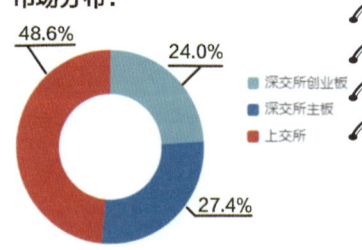

- 上交所 48.6%
- 深交所主板 27.4%
- 深交所创业板 24.0%

部分相关的指数基金产品：

基金代码	基金名称	基金成立日	资产净值（亿元）
008887	华夏国证半导体芯片ETF联接A	2020/6/2	54.5
159801	广发国证半导体芯片ETF	2020/1/20	18.33
159813	鹏华国证半导体芯片ETF	2020/4/17	5.46
159995	华夏国证半导体芯片ETF	2020/1/20	202.01

数据截至2021年6月30日　　出自国证指数公司官网

属于三高行业，
短期有回调压力，但仍看好中长期。
值得长期定投。

军工企业怎么样？
这是国家安全的保障啊！
肯定要大力发展的吧？

> 理论上是这样的。但投资却是另外一回事儿。

我国发展国防力量重在战略防御，
秉承永不称霸、永不扩张、永不谋求势力范围的宗旨，
我国的国防支出与美国相比差距较大。
因此，并不能完全参照美国的军工行业指数行情。

中国军工行业发展受益于我国国防装备的升级，
如：飞机、航空发动机、航空材料、卫星等行业的技术和装备的更新。

因为行业特殊，军工企业的核心数据都不能公开，
很难用平时的投资逻辑去分析。
而且军工企业的客户，只有国家一个，
企业发展受政策影响太大，**不适合散户投资**。

> 短期怎么样呢？

短期内，受到欧美科技封锁的压力，
尤其是芯片短缺问题，行业的不确定性也很大。

总结：

应根据自己的风险偏好
选择对应的指数基金。

宽基指数基金
　　适合相对保守的投资人。

行业与风格指数基金
　　适合愿意冒风险的投资人。

代表性强、覆盖面广的
市值加权指数基金适合长线投资。

可自由搭配、跟随市场风口的
主题指数基金、行业指数基金
适合有一定投资经验的短期投资人。

EMMA

划重点：

宽基指数比较稳健，
适合作为投资主力。

如资金足够，
可用3:2:5的比例组合定投
沪深300、中证500、创业板50。

三高行业指数长期收益出色，
可以提高我们的定投收益。
推荐主要消费、医疗、科技等行业。

第5章

怎么挑指数基金

三个秘诀告诉你！

买指数基金

可以从**场内**，也可以从**场外**购买。

"场"？什么场？

"场"就是交易所。

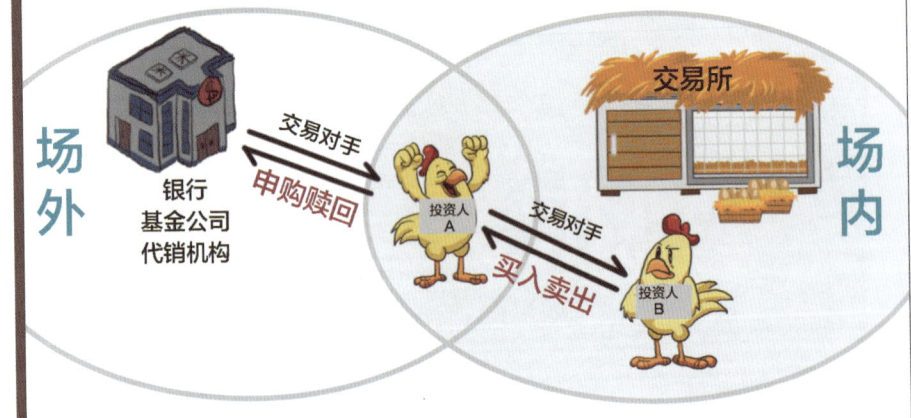

场外：银行、基金公司、代销机构 —申购赎回— 投资人A

场内：交易所 —买入卖出— 投资人B

	场内基金	场外基金
优点	交易迅速，到账快 交易费用低 追踪指数更准确	可自动买卖 基金数量多
缺点	手动买卖 基金数量少	交易慢、到账慢 交易费用高

投资"小白"：选择场外。
渠道多、操作简单、品种丰富。

投资老手：选择场内。
费用更低。

场内交易费更便宜呀?
那我就去场内买,
我喜欢便宜的。

哎……等等,
别总这么心急,
咦? 人呢?
跑哪里去了?

哎呀! 场内只能手动购买,
我每个月要设个日历来提醒。
而且只能买100份的整数,
必须自己决定什么时候买多一些,
什么时候买少一些。
无法简单地靠每月投入同等金额
来实现低买高卖。
好麻烦呀!

累累累

对于"小白", **建议从场外购买**。
设定一次,每月自动强制扣款。
<u>操作越方便、越简单,才越容易坚持</u>。
尽量别给自己设障碍。

场内需要经常看盘来决定买入的金额,
<u>心情容易受到市场波动的影响</u>,
不利于守住规则,不适合投资小白。

指数基金双胞胎

ETF基金 Exchange Trades Funds
交易型开放式指数基金
适合机构投资人和资深投资人。

LOF基金 Listed Open-Ended Funds
上市型开放式指数基金
适合散户和"小白"投资人。

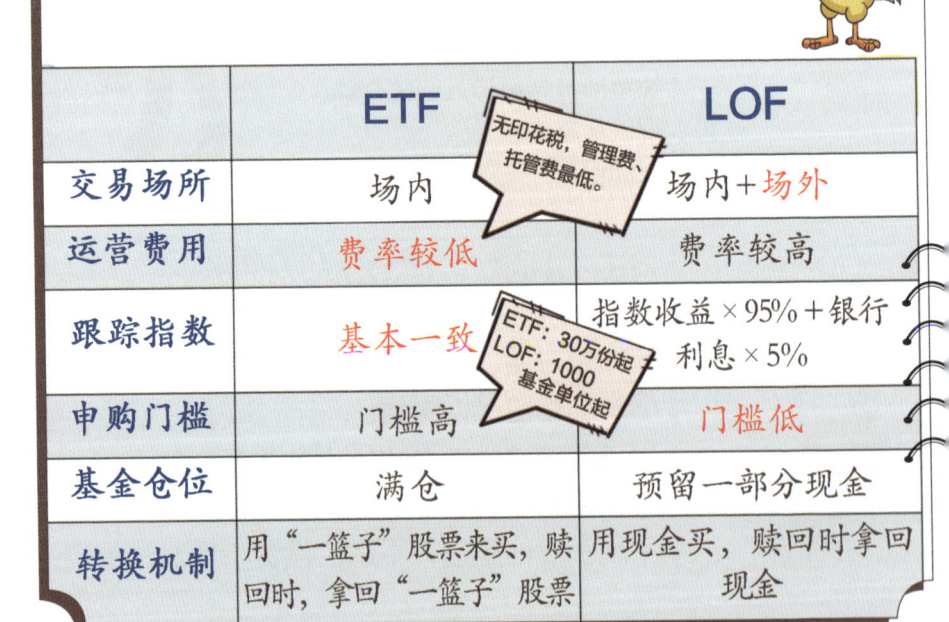

	ETF	LOF
交易场所	场内	场内+场外
运营费用	费率较低	费率较高
跟踪指数	基本一致	指数收益×95%+银行利息×5%
申购门槛	门槛高	门槛低
基金仓位	满仓	预留一部分现金
转换机制	用"一篮子"股票来买，赎回时，拿回"一篮子"股票	用现金买，赎回时拿回现金

> 无印花税，管理费、托管费最低。

> ETF: 30万份起
> LOF: 1000基金单位起

挑选指数基金的诀窍

秘诀一：不要投资规模小于2亿元的基金

基金规模 < 2亿元 ✗

什么是规模啊？

规模就是一支基金所持有的股票、债券、现金等的总市值。
规模太小，基金被清盘的概率就高。
也容易受大额申购赎回影响，
从而影响跟踪误差。

啊？你不是说
"指数基金没有本金永久损失的风险"吗？

基金清盘，不是说我们要血本无归了。
而是，因为规模太小，
基金公司有可能觉得继续运营不划算，
就打算把该基金关门大吉。
我们就会被强制赎回，停止投资。

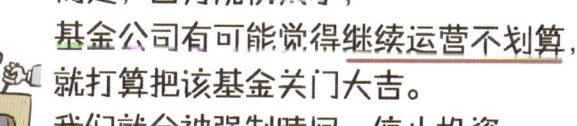

> 指数基金会清盘，那会不会爆雷？会不会跑路啊？

bào léi
爆 雷

名词解释：
因经营不善，而出现违约、平台停业、清盘倒闭、法人失联等问题。

pǎo lù
跑 路

名词解释：
投资人的钱被运营方卷走了，消失了，造成投资者的巨大亏损。

指数基金属于公募基金，
设立一支公募基金，不仅门槛极高，
运营还受到证监会和基金业协会的严监管。

我们的钱也被存入托管银行，
因此，我们需要付托管费。

基金经理有权调动资金购买投资品，
但卖出时，钱只能放回托管账户。
因此，指数基金不会被跑路。

而指数基金没有个股破产风险，
长期持有风险较低，**也不会爆雷。**

投资陷阱

我在支付宝或微信上的理财通买，会不会出事？它们会不会倒闭啊？

除了传统的银行渠道，我们还可以从第三方基金销售平台上买。

正规的第三方基金销售平台，必须有基金销售牌照，门槛也很高，能拿到牌照非常不容易。

这些平台并不持有我们的资金，它们只负责销售。
我们的资金被放在基金公司对应的托管银行里。

即使平台倒闭，我们也能在基金公司找到我们的份额。

钱不放在我这里。

也不在我这里。

放心，我帮你看好了！

第三方基金销售平台　　基金公司　　托管银行

> 那、那、那……
> 基金公司会不会倒闭啊?

基金公司**倒闭之前**，**会对旗下的基金进行清盘**。

清盘，会让我们在某个时间点，
按当时的市场净值强制赎回，变成现金。
如果当时处于负收益状态，就会造成亏损。

我们拿回钱之后，可以选择其他基金继续投资。

> 历史上，销售平台和基金公司
> 倒闭的事件多吗?

正规的第三方基金平台和发售公募基金的基金公司，<u>通常都是轻资产运作，运营成本不高。</u>

单只公募基金，如规模在2亿元以上就可以盈利，也就能长期存在下去。

因此，建议购买规模在2亿元以上的指数基金。

指数基金
是不是规模越大越好啊?

No! No! No!

跟踪同一指数的指数基金,
成分股挑选的规则都一样,
收益也比较相近。

因此,指数基金具有明显的**先发优势**。

即 早推出的指数基金,
　　规模一般比后期推出的要大。

前辈,
等等我!
分我一杯羹。

嘘!别出声。
我先偷偷跑。
前浪可不一定
死在沙滩上!

很多人买基金只看基金的**收益率**，
忽略了基金**费用**对投资的影响。
尤其是指数基金投资，
费用的略微差异，长期下来，影响不小。

买基金的费用

交易费

- **申购费**
  在买基金时收取
  归销售渠道所有
  选申购费打一折的

- **赎回费**
  在卖基金时收取
  一般按持有期限递减

- **销售服务费**
  归指数基金所有

> A类基金有申购费，
> 无销售服务费，
> 适合长期投资。
>
> C类基金无申购费，
> 有销售服务费，
> 适合短期投资。

运作费

- **管理费**
  基金公司的劳务费

- **托管费**
  把钱放在银行托管的费用

- **指数授权费**
  ETF：万分之三
  其他指数：万分之二

以上费用
从基金资产中每日计提
无须另行支付

因为在每日净值中直接扣除，
人们常常忘记这笔费用。

秘诀二： 跟踪同样指数的基金，
费用越低越好！

还有一些我们经常会忽略的费用：

印花税　交易佣金

收到分红时才需要交。

分红税

基金在买卖股票时，会产生 交易佣金 和 印花税 。
交易越频繁，这部分费用越高。

好在指数基金跟随指数调仓，
每年只会调整1~2次仓位。

大多数指数基金的交易佣金为0.1%~0.4%，
而换手频繁的主动型基金，通常都在1%以上。

在投资指数基金时，
影响这部分费用高低的主要是
我们自己买入卖出的频率。

养成长期投资的好习惯，
　　将会大大降低这部分费用。

在哪里可以查到基金的费率啊?

方法一 在基金公司官网，找到基金产品，找到该产品的招募书和定期报告。

方法二 最简单的方法：可以在 天天基金网 上查找。

举个例子：

交易状态：开放申购 开放赎回
购买手续费：1.50% 0.15% 1折 费率详情>

博时沪深300指数A(050002)
单位净值(2021-04-14) 1.9079 0.73%
累计净值 3.9418
近1月：-3.05% 近3月：-7.83% 近6月：4.01%
近1年：32.43% 近3年：36.89% 成立来：528.07%
基金类型：股票指数 | 高风险 基金规模：57.47亿元(2020-12-31) 基金经理：桂征辉等
成立日：2003-08-26 管理人：博时基金
跟踪标的：沪深300指数 跟踪误差：0.12%

一支基金有这么多种类型的费用，
如果有的费用比其他基金高，
有的费用又比较低，
那么我们又要以哪个费用为准呢？

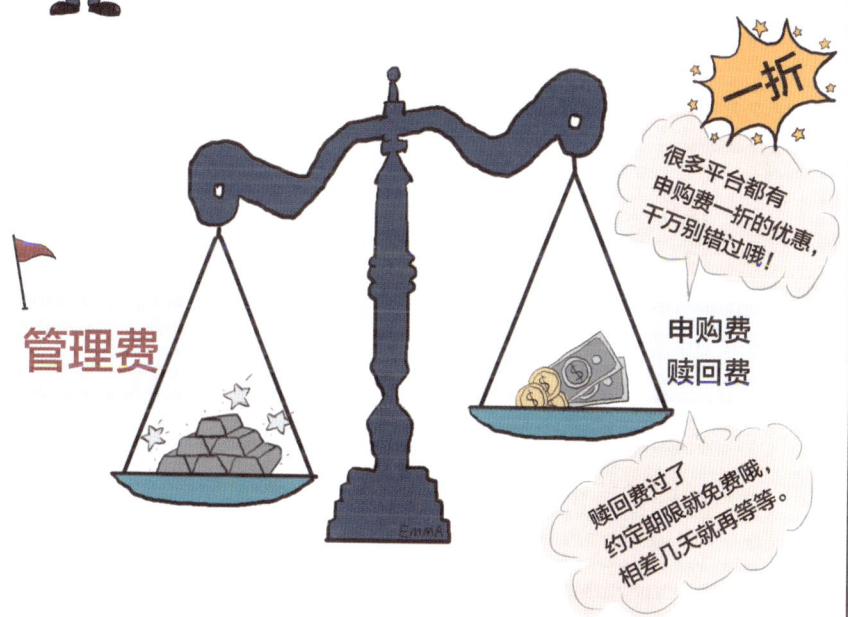

一折

很多平台都有申购费一折的优惠，千万别错过哦！

管理费

申购费
赎回费

赎回费过了约定期限就免费哦，相差几天就再等等。

我们第一要重视的是**管理费**。
通常管理费便宜的，托管费也较便宜。

同样是沪深300指数基金，收益相近，
管理费有的高达0.75%，有的只需要0.15%，
一年下来，就会有0.6%的差距。

跟踪误差

难道抄作业也会抄错？

误差产生的原因：

1. **股票停牌，估值调整**
   按规定，指数基金要对长期停牌的股票进行估值调整，而指数不会对此进行调整。当股票复牌时，调整后的估值和实际价格存在偏差。

2. **基金大额申购赎回导致的仓位变化**
   大额申购：稀释基金次日的涨跌幅。
   大额赎回：卖出的价格对基金有影响，同时产生的赎回费对净值也有影响。

3. **其他原因**
   成分股调整、分红、持有的现金余额多少等。
   各种费用支出：尤其是管理费、托管费和各种交易费，指数反映的是一堆股票的价格，而非真正拥有这些组合。因此，是没有这些费用的，费用越高，引起的误差越大。
   当然，管理人的经验和运作水平也会有影响。

秘诀三：选择跟踪误差较小的指数基金。

我们可以在基金公告里找到跟踪误差的数据。

哪里可以找到**跟踪误差**啊？

最简单的方法：
可以在**天天基金网**上查找。

举个例子：

广发沪深300ETF(510360)　　查看相关ETF联

开启净值估算须知
净值估算是按照基金历史定期报告公布的持仓和指数走势预测当天净值，预估数值不代表真实净值

净值估算(21-03-16 11:30)　　单位净值 (2021-03-15)　　最新净值
--　　　　　　　　　　　　1.7033 -2.14%　　　　　 1.7033

近1月：-13.17%　　　近3月：2.04%　　　近6月：7.93%
今年：33.10%　　　　近1年：32.52%　　　成立来：70.33%

基金类型：ETF-场内　　基金规模：25.94亿元 (2020-12-31)　　基金经理：刘杰
成立日：2015-08-20　　管理人：广发基金　　　　　　　　　基金评价：

跟踪标的：沪深300指数 | 跟踪误差：0.04%

基金档案　基金概况　基金经理　基金公司　历史净值　阶段涨幅　分红送配　持仓明细

误差多少才算较小·啊？

单纯给个数字无法比较，
可以把同类的指数基金放在一起比一比。
误差越小·，越好。

1. 不投资规模小于2亿元的基金

2. 选择费用低的指数基金

3. 选择跟踪误差小的指数基金

挑选指数基金三秘诀

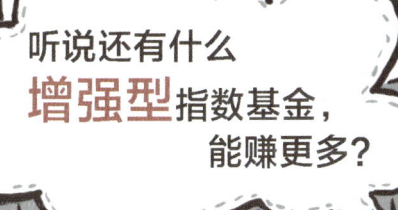

听说还有什么**增强型**指数基金，能赚更多？

我们知道，指数基金主要是"抄作业"。
但是，有些投资经理不甘寂寞，
想发挥自己的聪明才智，
抓住一些比较明显的机会，
试图获得比指数更高的收益。

这个好！这个好！
只"抄作业"的话，我心里发虚。

增强策略：
打新、量化模型等。

但是，增强的策略一般都不对外公开，
效果能不能长期持续也无法保证。
相比普通的指数基金，还是有一定风险。
事实也是，并不是每支增强基金都能战胜指数。

嗨！不是人定胜天吗？

哈哈！你"鸡汤"喝多了。
你怎么能确定自己就能选到对的人？
或者刚好遇到人胜天的时刻？

要想业绩出类拔萃，配置往往比较集中。

"风"起时，"猪"也会飞起来，
"风"停时，则会摔得很惨。

历史上的冠军基金，
在经历短暂的高光后往往会沦为平庸。

比如，2020年9月被骂上热搜的"诺x成长混合"基金：
（非指数基金）

全仓梭哈！

截至2020年6月底，该基金前14大重仓股占比高达95%，清一色全是半导体概念股。

全仓单一行业股票，
且持股集中度这么高，
这不是在投资，而是在赌博了。

因为这个策略，这支基金的累计收益一度高达132.13%，
而同类基金同期的平均收益只是50.59%，
使得该基金受到追捧，基金规模翻倍式增长。

祸福相依，同样的策略让它被骂上了热搜。

在不到两个月的时间内，该基金又跌了超过30%。
当月该基金跌幅高达12.43%，
而同期的沪深300指数只跌了0.58%，
同类基金平均只跌了1.21%。

每月可用金额在 10000元 以下，定投多少支指数基金合适？

Less is More

定投3~4支
不太相关的
指数基金就够啦！
太分散的话，
收益也会被分散掉。

靠持有不相关的指数
来分散，
靠只购买有限的指数
来专注和集中。

指数基金

听到朋友说是好基金，
我就立刻下手买一点，
久而久之，
手里积攒了几十支基金。

你这是有钱任性！

嘿嘿！沃琼，你这是羡慕嫉妒恨。

你们在聊啥？
我又加班一星期……

基金也需要断舍离

建议：3~4支最好，不要超过10支。

持有太多的问题：

- 多支基金的持仓互相重叠，同涨同跌，并没有因为基金多而起到分散风险的作用。
- 持仓太分散，又会分散掉收益。
- 不方便实施加仓和止盈计划。

> 那我怎么办？几十支基金，
> 要保留哪些？砍掉哪些？
> 什么时候砍？怎么砍？

你这几十支基金，应该既有主动型，又有被动型吧？
所以，接下来的取舍方法是兼顾了主动型基金的：

选老基金，弃新基金
新基金没有历史业绩可以参考，不知道它是优等生还是差生。
新基金一般在市场火热时上市，此时不是好的买入时机。
~~新基金有一段较长的建仓期，~~一部分资金会空仓，效率不高。

选规模适中的基金，弃太大或太小的基金。
规模太大，市场风向变了，不好调头。
资金量太大，买入卖出都会引起不小的波动。
主动型基金风险比被动型更大，
建议选择规模在10亿元到100亿元之间的基金。
被动的指数基金，则只需规模在2亿元以上即可。

选三年以上业绩较好的，别看短期业绩

选持仓不重复的基金，弃重复中收益较差的基金。

确定为裁剪目标后，停止定投，坐等达到收益目标后，止盈清仓。

第6章

亏了，怎么办

把每一次下跌都视作一次机会！

我的钱太少了！都是一分一分省出来的。
万一定投的指数大跌，怎么办？

因为不用再担心 **个股破产** 和
个股遭遇"黑天鹅" 的风险，
遇到指数下跌不用太焦虑，
总能等到回升的那一天。

因为是定投方式买入，指数下跌，
反而能让我们用更低的价格，买到更多份额，
是慢慢抄底的好机会。

我们只需要
不恐惧、不放弃、坚持定投 就行了！

涨出来的是风险！跌出来的是机会！

指数怎么跌了这么多？

散户投资心路历程

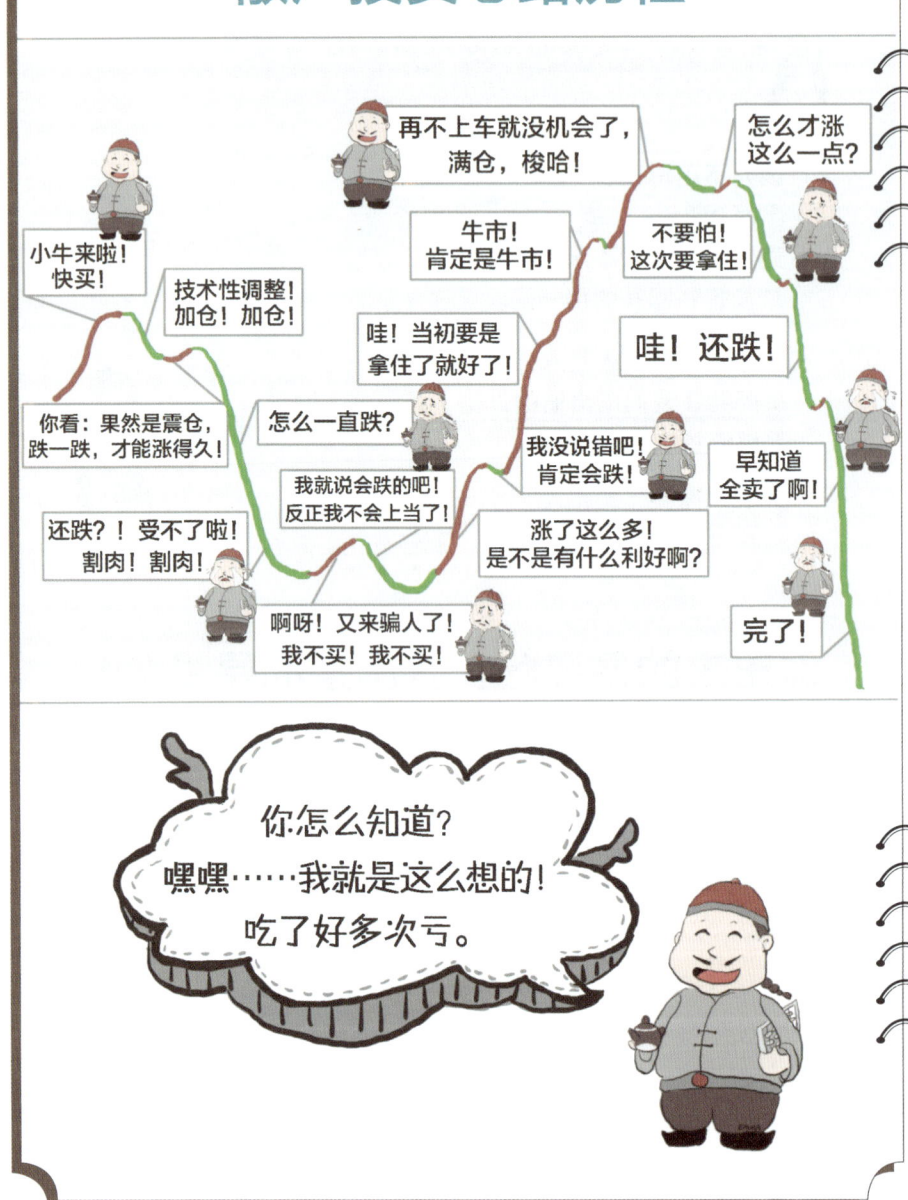

- 小牛来啦！快买！
- 技术性调整！加仓！加仓！
- 你看：果然是震仓，跌一跌，才能涨得久！
- 还跌？！受不了啦！割肉！割肉！
- 再不上车就没机会了，满仓，梭哈！
- 牛市！肯定是牛市！
- 哇！当初要是拿住了就好了！
- 怎么一直跌？
- 我就说会跌的吧！反正我不会上当了！
- 啊呀！又来骗人了！我不买！我不买！
- 怎么才涨这么一点？
- 不要怕！这次要拿住！
- 我没说错吧！肯定会跌！
- 涨了这么多！是不是有什么利好啊？
- 哇！还跌！
- 早知道全卖了啊！
- 完了！

> 你怎么知道？
> 嘿嘿……我就是这么想的！
> 吃了好多次亏。

我们以为的长期持有……

实际的长期持有……

把每一次大跌或持续下跌
都视作一次 **机会**，
只有这样，
我们才能 **低买高卖**。

指数基金定投
亏损原因一

我知道要坚持定投，但是投着投着**就没钱了！**

想买包包
想出去玩
手头紧……

这些不是随意挪用定投资金的理由！

定投账户**不是**
备用存钱罐！

不要打我的主意！

定投账户

网上调查显示：
20%的人能坚持定投1年，
10%的人能坚持3年，
仅有6%的人能坚持5年以上。

指数基金定投是中长期投资，坚持下来，才能获得时间的玫瑰。

老板太变态，
一时没忍住，裸辞了！

投着投着，
钱就没了。

这个月3个哥们结婚、
2个同事生日……

父亲做了个大手术。

计划赶不上变化，"断粮"了，怎么办？

不用怕

断供定投，
不会像供楼贷款一样，
有违约和信用受损的危害，
可以随时解约和重新续约。

但是，断粮打乱了定投的节奏，
有可能错过捡便宜筹码的机会，
从而降低收益。
因此，最好还是按计划定投。

> 定投前

做好资金规划

1 用闲钱做定投

月定投金额＝（月收入－月支出）÷2

记得先存够6~12个月的生活开支，作为 应急备用金，这样才能后顾无忧哦！

像我这种年轻人，没存款，怎么办？

可以把每月闲钱分成两份，
一份存入应急备用金，
一份用来定投。

2 提前强制扣款

财富账户优先支付原则

收到薪水立刻先把定投资金转入财富账户，余下的金额再拿来开支。

没轮到定投的钱怎么安排呢？

货币有时间价值

如果银行利率是3%，
今天存入1万元，一年后，就能收回10300元。
可见，一年的时间，这1万元发生了300元的增值。
货币的时间价值：货币通过周转后的增值额。

因此，既然定投是每月或每周投，
没必要把本金留在账户上等着扣，
最好用每月收入的余额来定投。

如果有**多余的一次性资金**，
可以按2~3年的定投周期平均分配，分批买入。
没轮到的钱可以买中短期、安全性较高的理财产品。

市场一直涨,我下不去手啊!买贵了,怎么办?

这里就凸显到定投的好处了:
因为分批入场,下手后,

定投入场无须择时哦!

> 涨了,不会错过;
> 跌了,仓位还不重。

会被之后的买入拉低成本价。

大部分人都不会评估市场的涨跌,
只会在犹豫中,
浪费了很多时间。
这些时间,本来是可以产生收益,
让复利帮助我们滚动赚钱的。

**时间就是金钱,
一寸光阴一寸金。**

详见《理财就是理生活(手绘版)》

复利
告诉我们的是一个 **方向**

传统思路:**赚差价**
关注资产价格的上上下下,
利用低买高卖来获利。

复利提醒我们:**利滚利**
当本金和利息不断滚存足够长的时间时,
就可以达到一个惊人的数字。

复利提醒我们:要重视**利息**!
要关注**时间值**!
别嫌利息少,
蚊子再小,也是肉。

一般可选择的定投周期是：每周、每两周、每月。
到底选择哪个周期好呢？

周定投 VS **月定投**

长期来看，收益差别不大。
短期的话，**周定投收益稍高**。

周定投：
因为周定投频率高，能<u>更加分散</u>地将资金注入市场，
及时<u>抓住市场下跌的机会</u><u>摊低成本</u>。
也更适合时间较充裕，更急躁的投资人。
回测数据也支持了这一现象。

月定投： 上班族，每月发工资，月定投就更方便，
也可以更好地达到<u>强制储蓄</u>的目的。

周定投：可选周四或周五扣款。
月定投：可选每月25日以后
或工资日后一天扣款。

因周一、周二刚开市，投资者纷纷入场，
投资情绪较乐观，上涨的概率大。

月末、季末市场上资金紧张，
下跌的概率大。

别让你的钱 白白闲置

如果在节假日的时候**申购**，例如，周五下午4点以后或周六日，都是按照下一个交易日的净值申购，资金就会被闲置两天。

如遇到长假期，被闲置的时间更久。

申购：尽量选择在**交易日的下午3点以前**。

设置好**分红方式**，享受复利滚动的长期收益。

指数基金中的股票会分红，当收到的股息积累到一定程度，指数基金也会分红。如果基金不分红，也会被归入基金净值，不会丢失。

不用担心，红利不会丢。

在**场外**购买指数基金，可选择**现金分红**和**红利再投**两种方式，一般默认现金分红，随时可修改。

在**场内**购买的指数基金，都是现金分红，要想红利再投要手工操作。

建议：如果指数基金在分红时，
处于**低估值**状态，选**红利再投**。
处于**高估值**状态，可选**现金分红**，
转买其他低估值指数基金。

我听说很多主动基金会经常分红,
但我翻了翻历史数据,指数基金分红的情况很少。
为什么呢?会不会亏了?

就像我刚刚说的,
无论基金是否分红,公司发的红利都在。
分红,只是把左边兜里的份额,换成了右边兜里的现金。
分红反而是让我们强制赎回了一部分份额。

既然都一样,分红可能还吃亏,
为啥有些基金要分红呢?

分红的三大原因:

左右口袋都一样。
一样没钱……

1 迎合投资人喜欢小幸福的心理。

2 降低规模,轻装前行。

在主动型基金中,
随着基金规模的攀升,投资难度也在加大。
资金少,灵活机动,能抓住一些小的市场机会。
但资金大了,稍微有些动作就会引起股价波动,
随时可能造成机会反转。分红可以卸走一些负重。
这也是很多基金会限购或停售的原因。
被动基金,模仿指数配置,就没这个压力。

3 适时止盈,落袋为安。

市场经过一番大涨之后,市场估值普遍偏高,
之后回调的可能性较大。为了预防浮亏时,
投资人抛售,造成进一步下跌,
果断在高位止盈一部分,让投资人能提前拿回一些收益。

定投中

不要胡乱增投

> 市场下跌了，艾玛说过，跌出来的是机会。加码！低位抄底！

> 怎么增投了一年，市场还是半死不活的？坚持！买到就是赚到！

> 糟了！没钱了！增投太多次，超了预算！

定投，属于中长期投资。
需要做好资金的合理规划。

不过，如果有多余的一次性资金（如年终奖），可以按12~24个月平均分配，作为增投资金。

或者，当出现符合补仓条件的情况时，可分批买入增投。

怎样确定补仓条件？

不是所有基金都适合补仓！

补仓的目的：
降低成本，等待反弹后的盈利点。

✘ 明显进入下跌趋势的基金。
　　盲目补仓，越亏越多。

✘ 不至于进入下跌趋势，
　但反弹速度很慢的基金。
　　补完后，一两年都回不到之前的高点。

✔ **波动较大的宽基**
　如创业板指数或创业板50。

✔ **反弹能力强的基金**
　如医疗、主要消费等长牛行业的指数基金。

因为不知道何时才是底部，千万别一次性把资金全部补完。

我以为跌了20%就是底了，
我就补仓。
结果又跌了10%。
我想，这次总是底了吧？
我再补。
结果它还跌！
我越补它越亏！我都要崩溃了……

补仓的1234法则

可以把补仓的资金分成四份，每下跌10%，就依次补10%、20%、30%、40%。

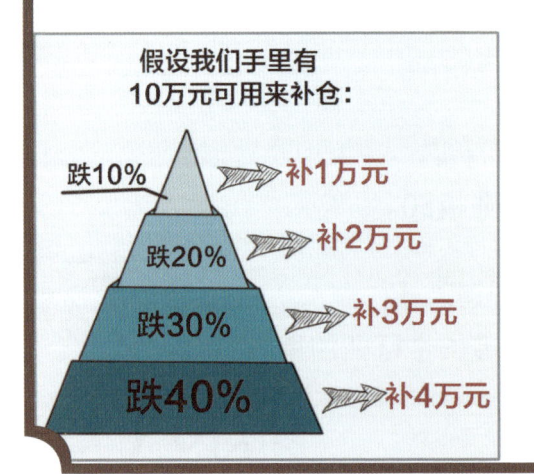

假设我们手里有10万元可用来补仓：

跌10% ➡ 补1万元
跌20% ➡ 补2万元
跌30% ➡ 补3万元
跌40% ➡ 补4万元

小幅回调：10%~20%
中等回调：20%~30%
大幅回调：30%~50%

跌得越多，补得越多。

您总是说:
定投是中长期投资，要做好资金规划！
但是，**定投一次具体要多久啊?**
我知道了时长，才好做资金规划啦！

可以将一个 **牛熊周期** 时长作为一次定投时长的参考。

一个牛熊周期又是多长?

一个牛熊周期：
指数走势中相邻两个高点之间的区间。

我们可以发现，
每个周期都能画出一条微笑曲线：

具体是多长？

可以将一次定投的期限设置在 2~6年。
也就是：好的情况下，两三年就能落袋为安，
最差的情况下，五六年总能收获了。

这么久啊！

时间长，刚好可以让我们积累多一些份额，赚得才多。
否则，定投没多久就止盈，本金太少，意义也不大。

指数基金定投
亏损原因二

嫌定投赚钱慢！

定投赚钱的速度太慢了！
听说隔壁老王买了X视网……

总想抢热点

隔壁家的饭更香！
喜欢听消息，什么火买什么，
结果成为**高位接盘手**！

个股投资，需要极高的投研能力，
很难长时间跑赢市场。

我运气好，开始定投就遇上牛市。
看着一路上涨的曲线，后悔当初选择了定投。
如果之前是一次性买入，收益就能翻倍了！

所以我就放弃了定投，改为一次性买入。
谁想到，买完就跌了……

遇到差的市场，定投也会亏损，
但随着下跌，定投在不断买入更多的份额。
因此，**定投比一次性买入更快走出低谷。**

指数基金定投亏损原因三

➤ **无法承受初期亏损，放弃定投。**

比较两组数据后发现：

跌得越多，
积聚的能量越多，
未来赚得越多！

这就是：

" **牛市赚净值
熊市享份额** "

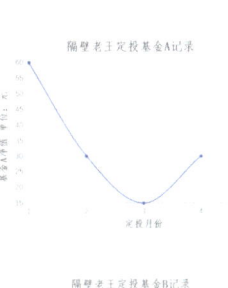

隔壁老王定投基金A记录

	单位净值（元）	每月投入（元）	获得份额
第1月	60	1500	25
第2月	30	1500	50
第3月	15	1500	100
第4月	30	1500	50
合计		6000	225

投入金额	6000	
卖出金额	6750	
差价	750	

VS

隔壁老王定投基金B记录

	单位净值（元）	每月投入（元）	获得份额
第1月	60	1500	25
第2月	55	1500	27
第3月	60	1500	25
第4月	55	1500	27
合计		6000	104

投入金额	6000	
卖出金额	5720	
差价	-280	

定投**波动大**的指数
　　收益明显**高**于**波动小**的指数。

**欲戴王冠，必承其重！
欲握玫瑰，必忍其伤！**

指数基金定投亏损原因四

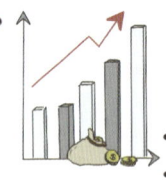

➤ **该止盈的时候没有及时止盈。**

> 我听了你的话，明明坚持了好几年，怎么还是没赚到钱？

> 太可惜了。
> 你一定是没及时止盈。

> 嘿嘿！我不是忙嘛！
> 你又说这指数基金定投是佛系功法，我就放着没理，任他自动扣钱。
> 没想到"牛"完又"熊"了……

市场有涨有跌，
定投的好处是对退出时机没那么敏感。
但是一味不理退出，收益也会受影响。

> 可以设置盈亏提醒，亏10%时，提醒要不要补仓；赚到目标收益时，提醒要不要止盈。

尤其是A股牛短熊长的情况，
当嗅到牛市的味道时，要记得留意市场，
可考虑逐步退出较高收益的定投。

第7章

会卖
才是"老师傅"

来了解一下
定投止盈四大法!

定投止盈四大法

> 会买的是徒弟，会卖的才是师傅。

1 市场情绪法

身边很多人开始讨论股票，常听说某某某炒股赚了多少钱，这就是牛市来临的征兆，可以分批止盈。

　　优点：简单，适合新手。
　　缺点：过于主观。

> 别人贪婪我恐惧，别人恐惧我贪婪。

2 目标收益法

到达了心中的目标收益就可以卖出，别恋战。

牛市：**三二一法则**，收益第一次达到30%就止盈，
　　　继续定投，收益到了20%再次止盈，
　　　继续定投，收益到了10%再次止盈。
熊市：**一法则**，收益率达到10%就止盈。

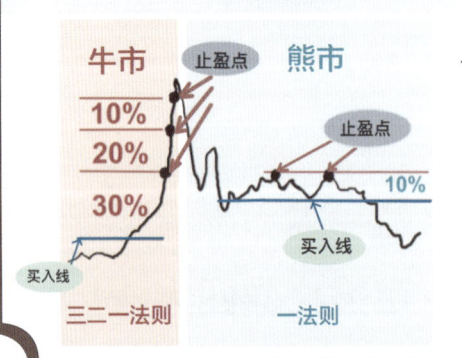

> 很多场外交易软件，都有盈亏提醒功能哦！

止损就不用了，指数越亏越买。

定投止盈不止损

尤其是大额投资，保住本金为首要原则，要稳中求胜。

牛市 止盈点　**熊市**
10%
20%　　　　　　止盈点
30%　　　　　　　　10%
买入线　　　　　买入线
三二一法则　　　一法则

定投止盈
四大法

③ 最大回撤法

当收益率达到目标时，先不止盈，继续持有，接下来会有两种情况：

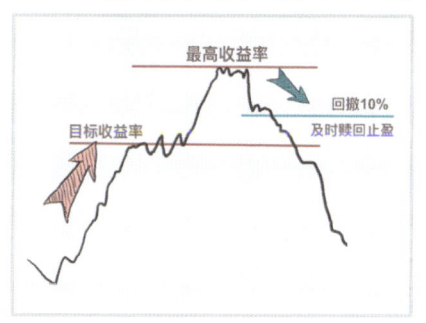

- 继续上涨，获得更高收益。
- 掉头下跌（回撤），比最高值跌回10%立刻止盈。

图示标注：最高收益率、目标收益率、回撤10%、及时赎回止盈

> **小知识**
> 最大回撤：
> 收益率下降幅度的最大值，是一个风险指标。

④ 指数估值法

市盈率（PE）：常用的估值指标

比较方法：同行之间比，与过去的自己比。
估值低多买，估值高卖出。

估值百分位	估价水平	操作建议
<10%	极度低估	买入或多投
10%～20%	低估	买入或多投
20%～40%	正常偏低	多投或持有
40%～60%	正常	持有或少投
60%～80%	正常偏高	持有或分批卖出
80%～90%	高估	分批卖出
>90%	极度高估	卖出

> 可以在芝士财富网上找到百分位

估值百分位：
市盈率处于历史区间的位置。如80%～90%，指当前市盈率比历史上的80%的时候都高。

我们又不会择时！市场跌了，**基金经理不应该主动帮我们调仓吗？** 为啥还要我们止盈呢？

> 我只是抄作业。

首先，咱们买的是被动型指数基金，基金经理**只负责抄指数作业**，并不主动做择时。而指数只按既定的规则选择股票，也不择时。

如果是主动型基金，因为**有仓位限制**，
如股票型基金，必须把基金资金的80%去购买股票。
当市场走高时，不能撤太多。
常常会出现熟悉的市场太贵，
不熟悉的市场又不敢买的困境。

> 没办法，我一定要买买买！

> 机会少时，钱太多；机会多时，钱太少！

加上，市场兴旺时，买基金的投资人多，
要花出去买股票的压力就大，
等到了市场大跌，处处机会时，
投资人又被吓坏了，不敢买基金，
基金经理手里资金不宽裕，没法抄底。

因此，虽然长期持有基金，净值也会逐步上涨，如果我们能适当择时止盈，收益就能更佳。

啊！我运气真好啊！
刚开始定投就遇到了牛市，
才几个月就到达目标收益率了。
我是不是就可以止盈啦？

建议：
定投早期不止盈
中后期分批止盈

为什么？

因为定投是分批买入，
定投早期积累的份额不多，
本金太少，收益率再高，
止盈的意义也不大，
也不能起到强制储蓄的作用。

不要奢求卖在最高点，分批止盈为佳。

嘿嘿，收益达到了30%，份额又足够多，止盈！

他都止盈了，我才刚入场，怎么办？
难道我也是30%止盈吗？
市场还能再涨30%吗？

的确，**不同的投资人入场的时机不同**。
有的人是从熊市很低估的时候开始建仓，
而有的人可能是涨到半山腰时才开始，
甚至是牛市顶端才买入。

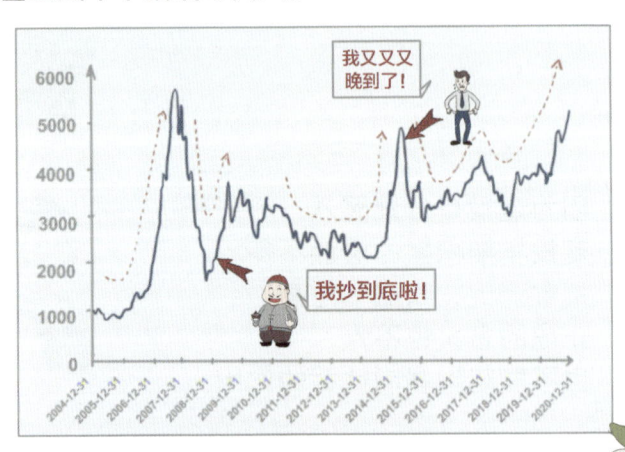

我又又又晚到了！

我抄到底啦！

如果买入后不久就<u>下跌</u>，不用担心，
因为刚开始定投，买到的份额还少，
<u>会被之后买入的份额拉低成本价。</u>
　　　　　如果买入后，继续上涨……

> 那怎么办？我就是这么晚才入场的，我设10%的收益率目标，怎么样？

收益率目标不能设太低，

否则，在牛市时会错过很多收益。大牛市时，有时能上涨200%呢！

如果市场已经涨了不少了，你才开始定投，可以当自己是 **三二一法则** 的第二步，设个20%的目标止盈率。

或者，这个时候你可以试试 **最大回撤法**，缺点是需要你经常关注市场。

> 最大回撤法啊……
> 如果超过目标收益一点点，马上就回撤了，而且还跌下去，跌过目标收益的线了呢？

具体要看当时的市场环境，如果你喜欢安稳，可以选择落袋为安。

> 如果回撤没有达到10%，也没跌破目标线呢？

还是要看具体的市场环境，你愿意承担风险就继续持有，说不定只是震仓。

我就是不会看市场情况啊!
你这不是"小白"也能会的指数基金定投吗?

那你就怎么舒服怎么来。
收益过了20%,心里特别想落袋为安,
你就止盈;还想再冒险,就再等等。

哈?听着怎么不靠谱啊!

> 市场不可预测,
> 没有标准答案。
> 只有适合自己的,
> 才是好的理财方案。

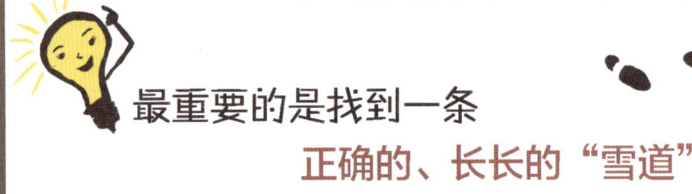

最重要的是找到一条
　　　　正确的、长长的"雪道"。
指数基金定投就是这样一条大道,
　　　　　只要坚持不懈地走在上面,
短期内的一两个点位差异,
　　　　长期来看,没什么太大的影响。

收益率目标设太低，
还有可能让我们很快就达到目标，
要么让我们存的份额不够多，
要么因持有时间太短，赎回成本太高。

赎回成本太高？

以某指数基金为例：

买入规则	取出规则
赎回费率示例	
持有时间	赎回费率
0日~6日	1.5%
7日~364日	0.5%
365日~729日	0.25%
730日以上	无

注：赎回费用＝取出金额＊赎回费率；持有时间从份额确认后开始计算。

持有天数＜7天
　　收取惩罚性赎回费1.5%

大多数人在这段时间卖出
　　会被收取0.5%

如果以10%为收益目标，
扣除各类费用，
再减去0.5%的赎回费，
收益就会大打折扣，
几番下来，差异就很大。

不要频繁止盈

如果持有较短时间，就卖出指数基金，
赎回费会很高。

不同的止盈方法，适合不同类型的指数

目标收益法 更适合波动大的指数

如中证500、创业板指数等。

波动大，更容易触发止盈。
也能大大缩短我们的定投周期。

能缩短啊？太好了！可以缩短多少？

> 如果定投高波动的指数，
> 用目标收益法止盈，
> 平均2~3年就能完成一轮。
> 用指数估值法来止盈，
> 投资周期可能就会长很多。

为什么？

因为一般要到牛市中后期才会到高估值区域。
A股牛短熊长，因此，要坚守的时间更长一些。

我忍、我忍、我忍忍忍！

会有多久啊？

5~7年吧！

等到花儿也谢啦……

要是一直等不到
牛市大后期怎么办？

**就算几年内估值不变，
公司盈利的增长和分红，也会带动基金净值上涨。**

等不及的话，也可以跟三二一法则一样，
　　分批卖出，实施 **梯度止盈**。

　　　　比如，估值达到20倍时，卖出10%。
　　　　　　估值再涨到25倍时，再卖出20%。
　　　　或者从估值百分位到达60%之后，开始分批卖出。
　　　　反正，估值越高，卖出比例越高。

　　　　　太久了，又麻烦，我不喜欢。
　　　　　还是目标收益止盈法简单快捷，适合我。

**目标收益止盈法适合波动大的指数，
而 估值止盈法适合波动较小的宽基指数**
　　　　　　　如红利指数、基本面指数、低波动指数等。
　　　　　和成长性很好的行业指数。
　　　　　　　如医疗、主要消费、科技类行业指数等。

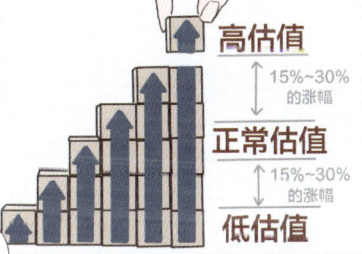

高估值
15%~30%的涨幅
正常估值
15%~30%的涨幅
低估值

如果选择一个低波动宽基指数
或好的行业指数，
从低估值时买入，
耐心持有到高估值时才卖出，
收入会非常可观。

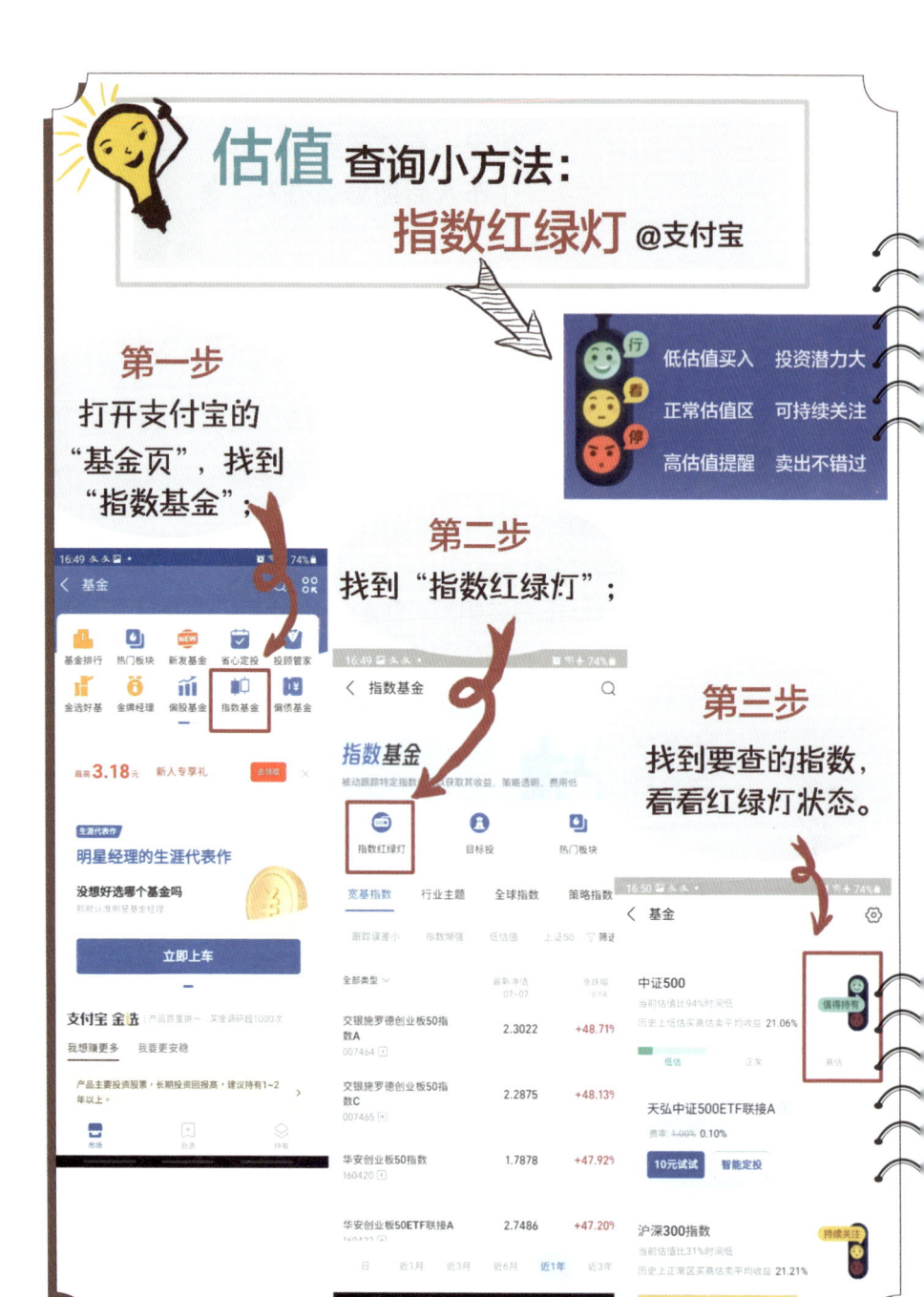

估值查询小方法：
指数红绿灯 @支付宝

信号	状态	建议
行	低估值买入	投资潜力大
看	正常估值区	可持续关注
停	高估值提醒	卖出不错过

第一步
打开支付宝的"基金页"，找到"指数基金"；

第二步
找到"指数红绿灯"；

第三步
找到要查的指数，看看红绿灯状态。

什么低估值、高估值的……
凭我多年的经验：
　　买低估值，常常跌得更低；
　　买高估值，还能越涨越高。

低估值 ≠ 买入后就涨
高估值 ≠ 买入后就跌
估值投资法是一种**长期策略**。

短期股价的涨跌，
　　　　更依赖于市场上的**供求关系**。

大多数散户投资人，
股票越上涨越舍不得卖，
市场上的供应就少，
看到赚钱机会的人，也会纷纷入场，
由此，进一步推高股价。

下跌的时候，大家抢着卖，
越跌，想卖的人越多，供应越多，
看到下跌，愿意入场的人也少，
因此，就算很低估值的时候，
也还有可能继续再跌。

涨很久了，
估值好高，
好贵啊！

那个好赚钱的，
快买买买！

来来来！
低估值大甩卖！
买到就是赚到！

几千年都不涨，
我才没兴趣！

> "股价就像一只跟着主人散步的小狗，主人沿着马路前进。
>
> 股票的内在价值就是这个主人。
>
> 小狗一会儿跑到主人前面，小狗一会儿落在主人后面。  
>
> 最终，主人到达目的地时，小狗也会到。"

长期来看，
股票背后的内在价值会不断上涨。
股价会围绕价值上下波动。

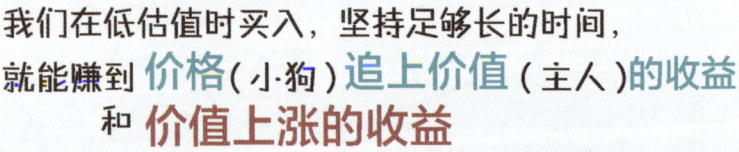

我们在低估值时买入，坚持足够长的时间，
就能赚到 **价格（小狗）追上价值（主人）的收益**
和 **价值上涨的收益**
（主人和小狗一起沿着马路向前进）。

因此，如果我们有足够的耐心，
估值止盈法能带给我们更高的收益。

嗯……我是"小白"……
弱弱地问：
这个**定投的收益率**怎么算？

很简单啊：

$$\text{定投的总收益率} = \frac{\text{期末总资产} - \text{投入总本金}}{\text{投入总本金}} \times 100\%$$

比如：每月定投2000元，定投了10个月，
总投入共20000元，如今，市值22588元。

$$\text{收益率} = \frac{22588 - 20000}{20000} \times 100\% \approx 12.94\%$$

这是简单估算**总收益率**的方法，一般这么算也行。

但是，因为定投的资金是分批注入的，投资的时间长短不同。
如果想更精确，则需要用**IRR计算公式**：

样图

=IRR(C8:C18)

简单的IRR范例
投入的资金是负值、回收的资金是正值

月份	现金流
1	-2000 → 这一栏是C8
2	-2000
3	-2000
4	-2000
5	-2000
6	-2000
7	-2000
8	-2000
9	-2000
10	-2000
期末市值	22588 → 这一栏是C18
月复合收益率	2% IRR（C8:C18） → 这一栏是C19
年复合收益率	30% POWER((1+C19),12)-1

IRR（内部收益率）：
Internal Rate of Return

方法：用Excel的函数计算

步骤（以样图为例）：
1. 按定投周期和金额输入Excel表
2. 月复合收益率栏输入公式：
   IRR（C8:C18）
3. 年复合收益率栏输入公式：
   POWER（(1+C19),12）-1

止盈了，接下来怎么办？

原本每月2000元定投A指数，止盈后：

🥄 以原有方式继续定投

依旧每月2000元定投A指数。
好处：有成功案例，心态淡定；
坏处：收益慢。

🥄 对原来的指数加倍定投

依旧每月2000元定投A指数，
把赎回的金额均摊成多份，加投该指数。
如每月投入：
2000（原计划定投金额）+ 2000（赎回金额分摊）
如此，周而复始，积少成多，
滚雪球效应越来越显著。

🥄 增投另一支指数

推荐

依旧每月2000元定投A指数，
再定投另外一支指数。
好处：组合投资，风险更低。

艾玛推荐第三种哦！

> 在搭配指数时，
> 要挑选**相关性较低**的指数。

什么是相关性？

你涨，我也涨；你跌，我也跌，就是相关性高。
如果相互影响不大，各自涨跌，就是相关性低。

寻找相关性较低指数的三种方法：

1 找不同类别的资产
比如买了股票，买债券，再买房子或黄金石油等。
不同大类的资产，彼此涨跌不一致，相关性弱。

2 找不同地区的资产
比如买了A股，买美股。
如定投沪深300+标普500。

3 在同一市场内找不同
如沪深300、中证500和创业板指数，
因持有的股票完全不同，所以相关性较弱。

咱们定投指数基金，主要推荐2和3，尤其是3。

平滑收益
是定投组合拳的最大好处。

单独定投一支宽基指数，
有可能出现"别的指数都赚钱，只有自己买得亏"现象。

按不同比例搭建定投组合，
能有效避免因选错指数而带来的亏损。
从而，能大幅降低非系统性风险，
使我们的收益更稳健。

> 波动小，心不慌，
> 拿得住，才赚钱。

第8章

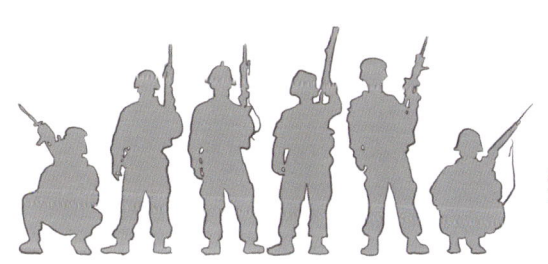

除了定投，还能怎么买

我们配合作战！

指数定投策略
长期持有策略
行业轮动策略
资产配置策略

本书推荐

基金投资常见的策略

本书着重介绍最适合
忙碌**上班族**以及**投资"小白"**的
指数基金定投策略，
其余策略只是简单介绍。

每种策略，各有优劣，
都有各自适合的市场环境和投资人群。
没有完美的策略。

接下来的三种，都属于高阶，
需要一些专业知识。

没有兴趣的小伙伴，
可以直接跳到最后一章。

长期持有策略

—— 买入低估的指数基金，不止盈，长期持有，以分红的形式获取现金流。

人生就像滚雪球，重要的是发现**很湿的"雪"**和**很长的"坡"**。

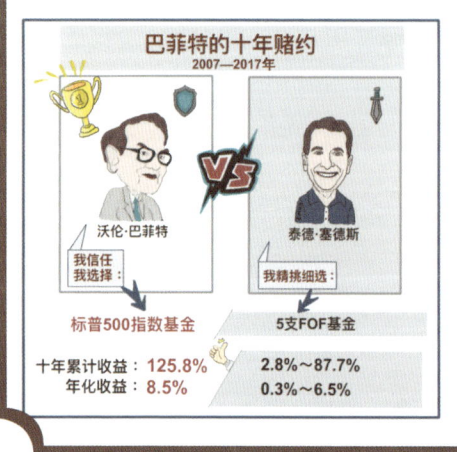

财富雪球

巴菲特的十年赌约
2007—2017年

沃伦·巴菲特 VS 泰德·塞德斯
我信任我选择： 我精挑细选：
标普500指数基金　5支FOF基金
十年累计收益：125.8%　2.8%～87.7%
年化收益：8.5%　0.3%～6.5%

我和泰德的十年赌约，就是靠长期持有策略赢的。

标普500指数就有很湿的"雪"和很长的"坡"。

你也值得拥有！

我曾多次强调：

理财不是要存钱，而是要**存好资产**。
要搭建被动收入体系。

财务自由的定义

被动收入 ＞ 日常支出

被动收入是**挣脱枷锁**的良方。

理财的目的，不是赚钱，而是赚资产。

~~赚钱~~ VS ✓赚资产

从**刚开始有收入时**，
就有意识地购买资产，搭建被动收入体系，
让你的草帽曲线变成鸭舌曲线。
直至有一天，稳定的被动收入超过了日常支出，
你就达到了**财务自由**。

理财的目的，也不是钱越多越好，
而是要让收入多元化、可持续化。

这个我懂。但怎么找被动收入呢？
我又没钱买房收租，债券也买不起……
哪里还有便宜的被动收入渠道？

长期持有**股息率高的**宽基指数基金就是获得被动收入的好方法。

我们买股票，都只看股价的上上下下。

的确，大多数人眼里，
股价是影响股票收益的唯一要素。
其实，并非如此。

投资股票的收益
- **资本收益**（股票低买高卖的价格差）
- **＋**
- **股利收益**（股票的分红）

可口可乐这支股票，光靠分红，每年就能给我带来超过5亿美元的稳定现金流。

这也是国家分享国有上市公司收益的方式。
每一年，财政部或国资委都会从下属央企中分得红利。
比如：财政部下属的"工建农中"四大银行，每年的分红金额都排在中国上市公司的前几位。

股息率

衡量现金分红收益率的重要指标

$$股息率 = \frac{过去一年公司的现金分红}{公司股价}$$

< 分红从哪里来啊？

我从来没听说哪家
互联网上市公司曾经分红！

< A股市场的股票分红吗？

根据《证券时报》统计：

2019年，A股合计实施现金分红高达13601亿元，
也是连续第三年分红总额超过万亿元的。

30年来，A股累计分红10万亿元以上，
相当于目前A股总市值的12.6%。

<u>近2000家上市公司每年积极分红，
其中金融、公用事业和能源行业分红最多。</u>

常年分红的上市公司，为了股价稳定，
会努力维持每年分红金额的稳定。
我们收到的分红**与我们持有的股票数有关，
不太受股价涨跌的直接影响。**
而且，随着公司盈利的增长，分红也会逐步增长。

> 因为指数没有个股破产风险，
> 我们可以安心长期持有高分红的指数基金。
> 股价跌的时候（此时股息率升高），
> 不断再加仓买入，长期持有。
> 通过收获越来越高的分红
> 和指数基金的净值增长，
> 轻松实现财务自由。

这是我们的**秘诀**。

哪些宽基指数基金的股息率高啊？

除了靠红利加权的红利指数，
　　上证50、沪深300、恒生指数、H股指数、标普500
　　等宽基指数的股息率长期较高且较稳定。

股息率会跟随股价波动：
股价越低，股息率越高。

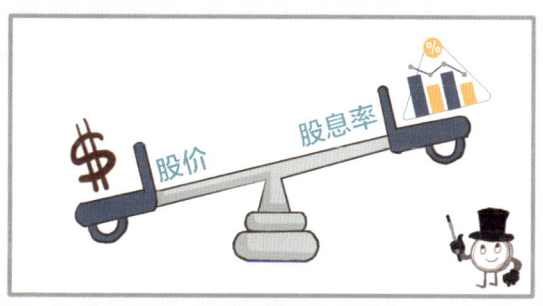

因此，如果是长期持有策略，
记得在股息率较高时入场哦！

股息率要多高才算高？

如果长期平均的股息率高于银行一年期储蓄利率，就算不错了。

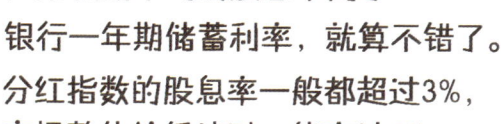

分红指数的股息率一般都超过3%，市场整体较低迷时，能高过4%。

那些宽基指数，如果股息率能达到4%，肯定也正处于估值低位。

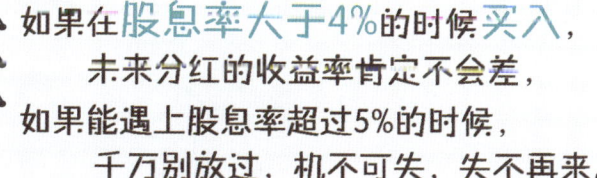

如果在**股息率大于4%**的时候**买入**，未来分红的收益率肯定不会差，如果能遇上股息率超过5%的时候，千万别放过，机不可失，失不再来。

如果股息率小于2%，就不用考虑啦！

✓ 股息率 >4%

✗ 股息率 <2%

不适合长期持有的三类基金

1 规模小于1亿元的基金
规模太小，容易遭遇清盘。

2 C类基金（基金名称中带"C"字）
这类基金根据持有时间长短收取销售服务费。持有时间越长，收取的服务费的就越多。

定投基金是中长期策略，
<u>建议优先选择A类基金</u>（基金名称中带"A"字）。

3 强周期行业 的指数基金
这类行业会跟随经济情况大起大落，
存在很大的不确定性，
收益率会像过山车一样起伏。
万一买在高点，就更糟了。

强周期行业
这些行业的盈利呈明显的周期性变化

这些行业包括：

金融类：
如银行、证券、保险等。

与重工业有关：
如有色金属、煤炭、石油、化工等。

与建房子有关：
如地产、建材、钢铁、机械等。

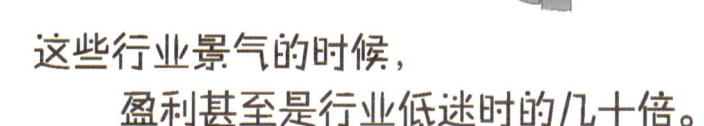

这些行业景气的时候，
盈利甚至是行业低迷时的几十倍。

俗话说：三年不开张，开张吃三年。

这类行业，不适合长期持有，
但我们可以：
周期底部（便宜时），买入；
周期顶部（贵时），卖出。

怎么知道什么行业，在什么时候会表现得好呢？

可以参考美林时钟模型：
当然，这只是一个大的方向，具体情况会因为不同的市场环境而有所变化。

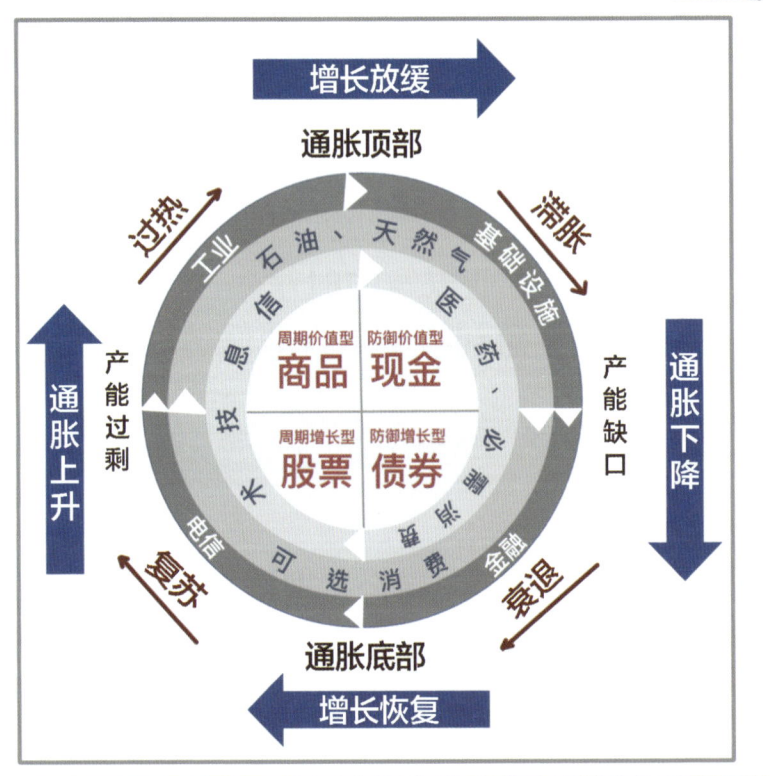

增长放缓 →

通胀顶部

过热 · 滞胀

工业 · 石油、天然气 · 基建设施

周期价值型	防御价值型
商品	**现金**
周期增长型	防御增长型
股票	**债券**

信息技术 · 医药、必需消费 · 金融

电信 · 可选消费

↑ 通胀上升　产能过剩

产能缺口　通胀下降 ↓

复苏 · 衰退

通胀底部

← 增长恢复

美林时钟模型把经济分为

复苏、过热、滞胀和衰退四个阶段。

每个阶段都对应着表现较好的某类资产。
我们可以参照这个模型，
跟随经济的周期变化，顺势而为来投资。

我已经完全听不懂了！

我也是！
这个太专业了！

我们需要"小白"
都能操作的方法！

咳咳咳……我错了。
反正，**行业轮动策略** 就是
根据各行业在周期中的表现，
轮着配置，希望能收益最大化。
买入将要表现好的行业指数，
卖出将要表现差的行业指数。

行业轮动策略

那个什么钟，我实在是看不懂。

大约就是：

复苏： 适合配置周期型、成长型股票。
可选行业：金融地产、高科技等。

过热： 适合配置周期型、价值型股票。
可选行业：有色金属、钢铁、煤炭等。

滞胀： 适合配置防御型、价值型股票。
可选行业：医药、消费、公用事业等。

衰退： 适合配置防御型、成长型股票。
可选行业：金融、消费等。

那我们怎么知道：现在是在四个阶段中的哪一个阶段呢？

看经济增长水平 参考GDP、PMI等指标。
看通货膨胀水平 参考CPI、PPI等指标。

复苏：经济上行、通胀下行。
过热：经济上行、通胀上行。
滞胀：经济下行、通胀上行。
衰退：经济下行、通胀下行。

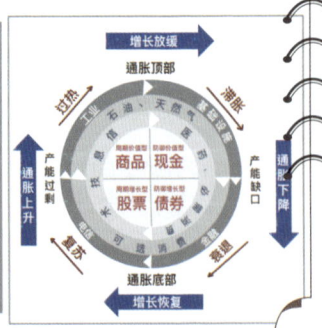

听上去很厉害！
这么操作能多赚很多？

我们已放弃。
我们直接在下一章等你哈！

不要有过高的期望，
尤其是扣除成本之后，
该策略的超额收益并不显著。

缺点一： 行业轮动策略的调仓频率较高，使得交易费率过高。

如果用该策略，建议买C类基金。

缺点二： 如果市场热点轮动频率过快，该策略容易失效。

哈？那岂不是吃力不讨好？
我还是乖乖地坚持指数基金定投吧！

资产配置策略

资产多了之后,进行的多元配置,
看的不再是单个产品的收益,而是整个盘子的收益率。

以最常见的股债组合为例:

股票,就是队伍里的先锋军,
为我们攻城略地,战斗力最强,却最容易受到伤害。

债券,则是稳定的大后方。
让整个投资组合的波动不至于太大。
否则一个黑天鹅就守不住,割肉套现了。

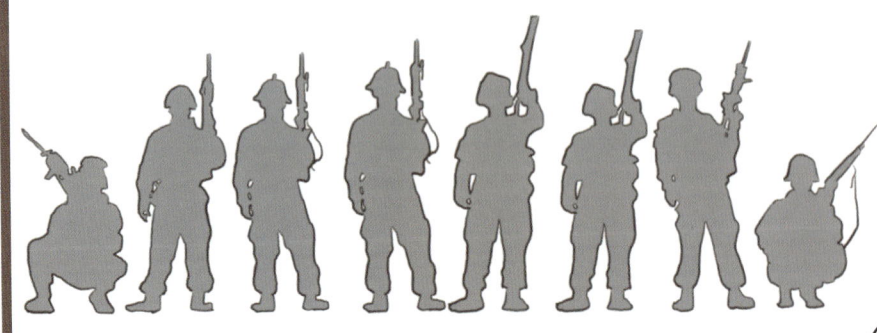

股市犹如过山车,时不时来一次千股跌停,
吓得许多投资人纷纷抛售,结果市场很快反弹,
那些割肉的投资人肠子都悔青了。

当持有一个组合时,情况就不同了。
熊市时,防守性更强。
尽管牛市,走势不如押中某支牛股那么好。
但长期来看,收益也是不俗。

> 长期收益不俗?
> 真的,假的?

组合的收益,
可不仅是各项投资品收益的简单相加。

资产配置收益的两大秘诀在于:

> **长期复利的滚动**
> **和**
> **组合再平衡**

> 复利,我知道。
> 组合再平衡又是什么?

以著名投资者哈利·布朗的 **永久组合配置** 为例
他把资金分成四等份：

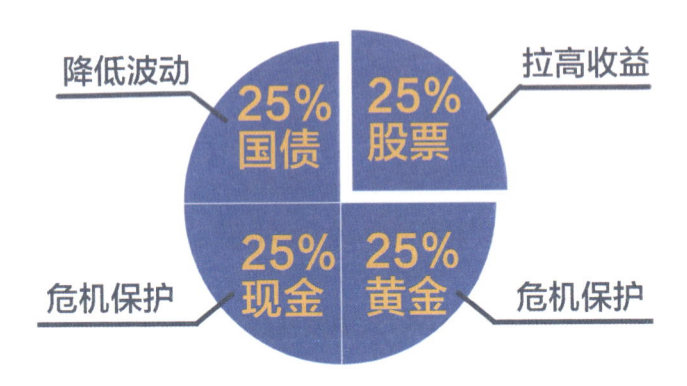

- 降低波动 — 25% 国债
- 拉高收益 — 25% 股票
- 危机保护 — 25% 现金
- 危机保护 — 25% 黄金

当投资了一段时间后，
由于不同产品的涨跌不同，
比例很快就和初始比例不一样了。
比如股票涨了，债券跌了，不再是各占25%。

我们可以每年做一次评估和调整，
让组合重回初始结构。把多的部分卖掉，少的补上。
这种操作就叫 **组合再平衡**。

因为供求关系决定价格，价格不会涨上天。
今年涨得好的资产，明年很大机会会回调。
今年被低估的资产，明年可能会补涨。

**靠着组合再平衡，强制做到了低买高卖，
长期下来，就会获得较好收益。**

总结

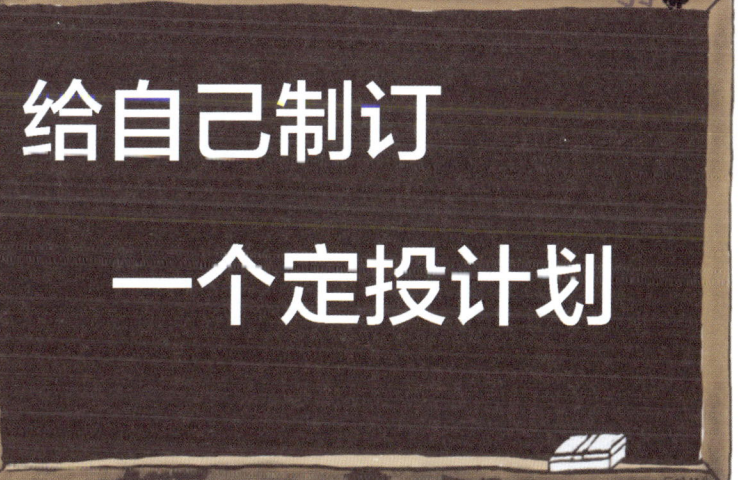

给自己制订
一个定投计划

微笑曲线或许会迟到，
但不会不到！

做一份**属于自己**的定投计划

❶ 准备好定投的钱

每个月我打算拿＿＿＿＿＿＿元来定投指数基金

> 建议：月定投金额=（月收入－月支出）÷2

我这金额可以选择＿＿＿＿支指数来定投

> 建议：每月定投金额＞1000元，可选1支指数。
> 每月1000~5000元，可选2~3支指数。
> 每月5000元以上，可选3~4支指数。

❷ 选择合适的指数

当前处于低估、适合定投的指数有：＿＿＿＿＿＿＿＿

> 可用蛋卷基金、支付宝指数红绿灯或芝士财富查询。

先选宽基指数

> 只能投1支，推荐波动大的创业板50或创业板指数。
> 能投2支，可再定投沪深300指数。

有余力，再选窄基指数

> 首选医疗、主要消费、科技行业。

❸ 挑出便宜的对应基金

找出目标指数对应的指数基金，
删除规模在2亿元以下的基金，
把剩余基金列表，比较各类费用和跟踪误差。

❹ 设立定投计划

定投时间：可选每月发工资后一日或每周四，或每两周四。
智能定投：如果有此选择项，记得勾选。
盈亏提醒：可选赚20%提醒止盈，亏10%提醒补仓。
分红安排：懒人不想麻烦，就选择"分红再投"。

❺ 写下止盈策略

我打算 _____ 时候止盈

> 建议"小白"简单地用目标收益法：
> 　　如收益达到20%时，市场氛围很热烈，
> 　　可继续等到30%，用三二一方法止盈。
> 　　如只是一般的震荡市，可在收益达到20%就止盈。
> 　　如大家很悲观，可在收益达到10%就止盈。

止盈后，我将继续定投 _____

> 建议保持原金额继续定投该指数，
> 　　涨了不错过，跌了仓位也不重。
> 再将赎回的金额均摊成多份，加投另一支指数。

❻ 写下补仓策略

当指数下跌时，我不用害怕，尤其是宽基指数，没有个股破产风险，跌出来的都是机会。

> 建议用补仓1234法则来执行。

❼ 坚持定投计划

懂原理、有信心、有耐心，就能收获时间的玫瑰。

当市场大跌时……

普通投资人：

> 啊！一星期的伙食费都没了！

> 完了！完了！两个月工资没了！

> 顶不住了！割肉！

佛系的指数定投投资人：

> 哦！我最近没看。计划一早就定好了，按部就班就是了！

> 跌了不更好吗？可以多捡一点便宜货。

当大牛市来临时……

普通投资人：

> 再不入场就没机会啦！满仓！

> 坐等数钱！今年目标：资产翻倍！

佛系的指数定投投资人：

> 物极必反！三二一法则，撤！

> 不用理。份额还少，继续定投就行！

当震荡市的时候……

未来股市是涨,还是跌?
元芳,你怎么看?

普通投资人:

前几天,有专家教了我几句口诀:
顶部假三阳,庄家硬逞强,
施放烟雾弹,离场把它防。
顶部塔形顶,空方设陷阱,
一根大阴线,离场脑清醒。
下跌转折线,图形是宝剑,
顶部见着它,……

佛系的指数定投投资人:

世事无常,我等凡人如何看得透?
无须多虑,坚持定投即可。

什么时候入场好呢？

普通投资人：

已经跌了很久了，差不多了吧？
现在买的话，会不会再跌？
有好消息？已经开始涨了？
要不再等等？
还在涨，这次应该稳了吧？买不买？
已经涨了一段时间了，再不买要赶不上了！

买？还是不买？这是个问题！

佛系的指数定投投资人：

种一棵树，
最好的时机是十年前，其次就是现在。

定投不看时点，
只要做好资金规划，什么时候都是入场时机。

你现在赚了多少啦？

不清楚呢！我不怎么看账户。

啊？你到底有没有做投资哒？

我设置了盈利提醒，赚20%就会收到提醒。
没到20%就继续定投呗！
反正，账户的浮盈浮亏都只是镜花水月。

第一个月，存钱定投指数基金。
第二个月，存钱定投指数基金。
第三个月，存钱定投，怎么没啥动静？
第四个月，存钱定投，怎么反而亏了？
第五个月，存钱定投，老王买的基金翻倍了！
第六个月，这个方法不行，算了，我试试其他方法吧！

……

开始要有信心，
　　　明白定投指数基金的逻辑。
中途要有耐心，
　　　不受高低波动噪音的影响。
结果就会开心，
　　　等待时间的玫瑰徐徐绽放！

微笑曲线或许会迟到，但不会不到！

我在《理财就是理生活（手绘版）》中说：
财富有两驾马车。

好好工作，努力提高薪水，
发展与主业相关的副业，
培植"摇钱树"，
是财富的一驾马车。

**购买指数基金
就是财富的另一驾马车。**

长期持有的话，
公司分红能带来稳定的被动收入，
指数基金的净值也会随着公司盈利的增加而逐步增长。

我在《理财就是理生活（手绘版）》中说：
当**正向现金流、复利和时间**，
三个因素放在一起时，
我们的**财富雪球就能滚得飞快**。

指数基金就是
我们其中一个**财富雪球**，
定投就是在
往其中不断加入**新动力**。

我们剩下要做的：
　　　唯有坚持和等待而已。

指数基金定投，
做时间的朋友！

定投指数基金，
只是理财中特别小的模块。

想要**搭建完整的理财体系**，
让我们的财富大厦更稳固，
来读一读**2年加印14次**的
《理财就是理生活》吧！

现在的财务状况 → 调整后的财务状况

文字版：

- 10个人生阶段
- 10个家庭故事
- 10个理财模块
- 适合老百姓的**理财书**

就是这本：
2年加印14次！

更系统、更全面、更详细！

手绘版：

9个理财不等式，
帮你厘清9个理财误解，
在**轻松自在**中学习理财！

新书预告
《读懂财务报表(手绘版)》
预计上架时间：2023年1月

四大主角2年后再聚首，
开启新的学习旅程。

前情回顾

2年前：四位各有特色的小伙伴，一起学习指数基金定投，踏上了投资理财之路。

2021年　2022年　2023年

2年后：他们再次聚首，分享新的困惑。

开启新的旅程

艾玛将一如既往，
用最**简单明了**的方式，
让你读懂**深奥晦涩**的财务词汇：

此商誉 ≠ 彼商誉

我们平常说的"商誉"，与企业品牌、信誉、客户关系有关。

难以量化 无法计入报表

财报里的"商誉"，只出现在企业并购之后。

商誉
英文名称：Goodwill
中文直译：(对所购企业的)良好的预期
隐含意义：被坑了/亏惨了

无法出具意见 30分
否定意见 20分
保留意见 40分
附带说明的无保留意见 50分
标准无保留意见 及格啦！

物质不灭定律
(能量守恒定律)

在某一张报表里少了的东西，一定会在同一张表的其他栏目或另一张报表上出现。

反侵权盗版声明

电子工业出版社依法对本作品享有专有出版权。任何未经权利人书面许可，复制、销售或通过信息网络传播本作品的行为；歪曲、篡改、剽窃本作品的行为，均违反《中华人民共和国著作权法》，其行为人应承担相应的民事责任和行政责任，构成犯罪的，将被依法追究刑事责任。

为了维护市场秩序，保护权利人的合法权益，我社将依法查处和打击侵权盗版的单位和个人。欢迎社会各界人士积极举报侵权盗版行为，本社将奖励举报有功人员，并保证举报人的信息不被泄露。

举报电话：（010）88254396；（010）88258888
传　　真：（010）88254397
E-mail：　dbqq@phei.com.cn
通信地址：北京市万寿路 173 信箱
　　　　　电子工业出版社总编办公室
邮　　编：100036